A MULHER QUE *Deus* USA

A MULHER QUE *Deus* USA

Mulheres do Antigo Testamento que a ajudam na tomada de decisões

ALICE MATHEWS

A WOMAN GOD CAN USE:
Old Testament Women Help You Make Today's Choices
by Alice Mathews
Copyright © 2015 Ministérios Pão Diário
Todos os direitos reservados.

Coordenação editorial: Dayse Fontoura
Tradução: Sandra Pina, Astrid Rodrigues
Revisão: Dayse Fontoura, Thaís Soler, Lozane Winter
Projeto gráfico e capa: Audrey Novac Ribeiro

Dados Internacionais de Catalogação na Publicação (CIP)

Mathews, Alice
A mulher que Deus usa — Mulheres do Antigo Testamento que a ajudam na tomada de decisões
Tradução: Sandra Pina
Curitiba/PR, Publicações Pão Diário

Título original: *A woman God can use*

1. Fé;   2. Vida cristã;   3. Confiança;   4. Mulheres

Proibida a reprodução total ou parcial, sem prévia autorização, por escrito, da editora.

Todos os direitos reservados e protegidos pela Lei 9.610, de 19/02/1998.

Exceto quando indicado no texto, os trechos bíblicos mencionados são da edição Revista e Atualizada de João Ferreira de Almeida © 1993 Sociedade Bíblica do Brasil.

Publicações Pão Diário
Caixa Postal 4190, 82501-970
Curitiba/PR, Brasil
Email: publicacoes@paodiario.com
Internet: www.paodiario.com
Telefone: (41) 3257-4028

Código: PD950
ISBN: 978-1-68043-178-0

1.ª edição: 2015 • 4.ª impressão: 2021

Impresso no Brasil

Para Randall, com quem tenho caminhado lado a lado
no ministério e amor nos últimos 60 anos.

SUMÁRIO

Introdução 11

Eva
Como prever consequências de
pequenas decisões a longo prazo 17

Lia
Como viver com um homem
que não a ama 31

Raabe
Como escolher Deus em meio
à sua cultura 47

Débora
Como liderar quando Deus
a chama para isso 59

Rute
Como ver Deus no cotidiano.. 75

Ana
Como lidar com a depressão 89

Abigail
Como viver com um marido difícil............................. 105

A viúva de Sarepta
Como enfrentar tempos de adversidade 121

Hulda e Miriã
Como usar seus dons espirituais com sabedoria 135

Ester
Como usar o poder para beneficiar outros 149

A mulher descrita em Provérbios 31
Como manter suas prioridades 163

De Eva a Maria
Como trazer Cristo ao seu mundo 175

AGRADECIMENTOS

POUCOS LIVROS, se houver algum, foram escritos por uma só pessoa, e este não é uma exceção. Por trás das palavras harmoniosamente projetadas por um autor encontram-se sugestões e ações repletas de vozes, como de um coral. É praticamente impossível mensurar minha dívida com todos, pelo fato de ela ser tão grande.

Acrescidas a todas as vozes que ouvi, em uma vida inteira de leitura, estão as vozes de pessoas especiais que se importaram o suficiente para me encorajar, desafiar, aconselhar e amar. No topo da longa lista de amigos significativos que tenho estão:

- Meu pai, George Palmer, que durante sua vida nunca deixou de me incentivar ao longo do caminho,
- Meus quatro filhos, que nunca me deixaram escorregar em devoções frívolas, mas prosseguiram em encorajar-me a ser autêntica,
- Haddon Robinson, que me apresentou ao poder da narrativa bíblica ao traduzir a verdade eterna em realidades concretas,
- Kris Greene e sua equipe de liderança no ministério de mulheres da *Cherry Hills Community Church*, EUA, por me sustentarem com seu amor e orarem para que esses estudos adquirissem forma.
- E aos editores Bob DeVries e Carol Holquist, que "enxergaram um livro" nesses estudos e me mantiveram no curso, mais ou menos, dentro do cronograma.

Para esses e para outros cujos nomes não foram mencionados, mas estão gravados em meu coração, registro aqui o meu profundo agradecimento.

INTRODUÇÃO

ESTES SÃO TEMPOS DIFÍCEIS para a mulher cristã. Temos possibilidades maiores do que nossas mães tiveram. Temos liberdades que nossas mães nunca experimentaram. Hoje, podemos fazer escolhas que não foram opções para as mulheres de outras épocas. Os anos à nossa frente podem ser emocionantes ou aterrorizantes. Concordamos com Charles Dickens [N.E.: Renomado romancista inglês do século 18], quando escreveu: "Foi o melhor dos tempos, foi o pior dos tempos...".

Podemos escolher, mas cada escolha traz riscos. A palavra grega que significa literalmente "uma escolha" é *hairesis*, também traduzida como "um dogma" ou "heresia". Não podemos fazer nossas escolhas levianamente. Uma má decisão pode nos levar à heresia. A única âncora confiável é a Bíblia — a infalível Palavra de Deus. As mulheres cristãs, devem estar seguras de que entendem o que as Escrituras dizem sobre nossas escolhas.

Como mulheres, vivenciamos hoje o que os historiadores chamam de "mudança de paradigma" — uma época em que antigas convicções e atitudes estão sendo forçosamente desafiadas por novas crenças e novas condutas. Mas quais dessas crenças e atitudes estão firmemente ancoradas na Palavra de Deus, e quais delas são apenas produtos de nossas tradições? Precisamos reexaminá-las à luz da participação das mulheres na vida conjugal e familiar, educação, trabalhos e crescimento pessoal. Conceitos antigos ainda não desapareceram e os novos ainda não assumiram o controle, mas a mudança já começou e vai

Introdução

continuar. Isso torna a nossa época ao mesmo tempo assustadora e emocionante.

É assustadora, porque muitas de nós crescemos firmemente ancoradas no antigo padrão, e não sabemos o que fazer com as novas atitudes e oportunidades. Ao mesmo tempo, sentimos certo entusiasmo, por sabermos que hoje podemos fazer escolhas que anos atrás as mulheres não podiam.

À medida que lutamos como cristãs para encontrar uma posição firme na areia movediça das expectativas e oportunidades atuais, podemos pensar que nossa época é única. Porém, não é assim. Há 100 anos, as mulheres passaram por uma mudança de paradigma tão dramática como aquela que enfrentamos em nossos dias.

Mulheres vitorianas (N.E.: Assim chamadas por viverem durante o governo da rainha Vitória, entre 1837-1901, na Inglaterra) viveram dentro do paradigma que a autora Barbara Welter chamou de o "culto da verdadeira feminilidade". Dentro desse paradigma as mulheres tornaram-se as guardiãs da pureza e da gentileza para a nação. Isso não tinha ocorrido anteriormente. Na maior parte da história ocidental, as mulheres eram vistas como sedutoras, perigosas, bruxas, ou criaturas terrestres sem apreciação pela piedade. Mas após a Revolução Americana, elas foram elevadas à posição mais alta. Por serem consideradas moralmente superiores aos homens, receberam a responsabilidade de promover a piedade em suas casas. A mulher verdadeira era piedosa, pura, do lar e submissa.

Esse paradigma era rigorosamente aplicado a esferas separadas. O poeta inglês Tennyson coloca desta forma:

> *Ao homem o campo, à mulher o lar;*
> *Ao homem a espada, a ela a agulha;*
> *Ao homem a cabeça, à mulher o coração;*
> *Ao homem o comando, à mulher a obediência;*
> *Tudo o mais é confusão.*

A esfera de ação da mulher era o lar. Para ela, era tabu se aventurar no espaço público. Durante o século 19, as mulheres não podiam votar, ingressar na maioria das faculdades e universidades, e eram impedidas de exercer a maioria das profissões. Políticos disseram que a elas convinha usar sua pureza, virtude e moralidade para exaltar os homens. Elas deveriam permanecer "acima da conspiração política deste mundo". Isso se traduzia numa falsa cidadania, pois não tinham direito à propriedade nem ao voto. Cientistas declararam que a mulher, por ter um cérebro menor não sobreviveria aos rigores do Ensino Superior e que a sua capacidade reprodutiva seria prejudicada pelo excesso de pensamento. Esse era o paradigma do século 19 em relação aos membros do sexo feminino.

Mas as mulheres, mesmo com seu espaço delimitado, levaram a sério sua superioridade moral. Mulheres cristãs comprometidas com Deus começaram escolas dominicais para ensinar crianças pobres a ler. Criaram associações maternas para ensinar mães cristãs como alimentar seus filhos. Depois vieram os esforços para eliminar a prostituição e estimular a abstinência sexual antes do casamento. A partir disso, empreenderam uma cruzada contra o abuso do álcool e contra a escravidão. Com tudo isso, não demorou muito para que surgissem as faculdades para mulheres. Quando as agências missionárias se recusaram a indicar solteiras para o serviço missionário, foram criadas agências administradas por mulheres, que foram muito bem-sucedidas. E logo as mulheres começaram a reivindicar o direito de votar. Neste processo, a linha entre a esfera pública dos homens e o espaço restrito das mulheres tornou-se turva.

Embora muitas dessas mudanças tenham ocorrido dentro do virtuoso paradigma vitoriano do que é a "verdadeira mulher", no final do século 19, as mulheres encontraram-se pressas na encruzilhada atual das novas liberdades, oportunidades e possibilidades.

Hoje, nos beneficiamos de seus esforços. Não valorizamos adequadamente suas vitórias durante conquistadas, como por exemplo: o direito de votar e à propriedade, o acesso a faculdade, o ingresso a

Introdução

qualquer profissão. Esquecemo-nos — ou jamais o soubemos — da agonia que muitas dessas mulheres experimentaram enquanto buscavam a vontade de Deus para sua vida. Elas enfrentaram mudanças tão drásticas de paradigmas como as que enfrentamos hoje. Ouviram muitas vozes contraditórias, e também tiveram que folhear as Escrituras repetidas vezes para encontrar a direção do Senhor para elas.

Mas esse período não foi o único em que as mulheres tiveram que aprender a viver em áreas restritas, encontrar maneiras de fazer a vontade de Deus e ampliar sua área de atuação. Desde os primórdios dos quais se têm registros, as mulheres lutam com escolhas difíceis. Elas têm lutado com as delimitações que as cercam. Às vezes se submetem, às vezes se rebelam contra os poderosos que as governam. Elas vivem empenhando-se por equilibrar a compreensão da vontade de Deus para si mesmas e as exigências que outros lhes impõem. Algumas viveram num desespero silencioso, enquanto outras encontraram forças e conforto em seu relacionamento com o Deus vivo.

Algumas mulheres fizeram decisões com sabedoria, ao passo que outras fizeram escolhas destrutivas. Eva ingeriu um pedaço do fruto — apenas uma parte do fruto proibido — e trouxe sobre si mesma e sobre todas as suas irmãs desde aquela época as consequências devastadoras da queda. Miriã, uma profetisa a quem Deus usara, rebelou-se contra a liderança de seu irmão e ficou leprosa. Ester optou por arriscar sua vida em favor de seu povo em cativeiro, e salvou uma nação inteira. Raabe escolheu esconder os espiões israelitas e tornou-se uma ancestral do Messias. A viúva de Sarepta preferiu compartilhar seu último pedaço de pão com um profeta faminto e foi milagrosamente alimentada durante um longo período de fome. Abigail escolheu ir contra a ordem do marido e livrou sua família inteira. Ela também acabou se casando com o rei ungido. Rute escolheu ficar com sua sogra, Noemi, seguindo-a para uma terra estranha e ali encontrou a felicidade nos braços de um marido amoroso.

Escolhas, a vida é cheia delas e temos que fazê-las. Entretanto, como escolher corretamente? Como nossas irmãs vitorianas, podemos nos voltar para a Palavra de Deus e obter ajuda para fazer decisões sábias. Podemos aprender por meio de seus preceitos e exemplos nela descritos. Nas páginas deste livro, vamos conhecer mulheres da Bíblia que lutaram contra os problemas que, por vezes, são diferentes do nosso. Porém, muitos deles são surpreendentemente semelhantes aos que enfrentamos hoje. Enquanto observamos o fracasso ou o triunfo dessas mulheres, podemos encontrar princípios que tornarão evidentes as respostas que procuramos.

Uma última palavra. Quando falamos sobre a liberdade de fazer escolhas, descobrimos que existem dois tipos de mulheres. Algumas querem liberdade para escolher; outras, a liberdade advinda da escolha. As Escrituras fornecem exemplos de ambas. Na Bíblia, há uma gama bem mais ampla de escolhas do que muitas mulheres percebem existir. Ao mesmo tempo, nos defrontamos com delimitações bíblicas que preservam nossas decisões de se transformarem em heresia. Para escolher sabiamente devemos conhecer a Palavra de Deus e aplicá-la bem. Como fazemos isso? Tornando-nos mulheres de valor e sábias, mulheres a quem Deus usa.

Reflexão pessoal

Eva

COMO PREVER CONSEQUÊNCIAS DE PEQUENAS DECISÕES A LONGO PRAZO

QUAIS AS DECISÕES MAIS DIFÍCEIS que você tem de fazer? As lanchonetes estão entre as minhas decisões mais difíceis. Detesto ficar em pé numa fila, insegura quanto ao que está, a poucos metros, exposto no balcão e o que vou sentir falta, se decidir servir-me da comida diante de mim. Não meço esforços para evitar comer em lanchonetes.

As questões relacionadas as minhas decisões quanto a lanchonetes não fazem muito sentido. Geralmente, a comida é barata — ou boa. Então, quem se importa se fiz a melhor escolha? Há sempre um amanhã!

Talvez para você, a decisão mais difícil esteja relacionada a um novo par de sapatos ou ao menu para um jantar de sábado à noite. Seja o que for, é isso que odiamos a respeito de decisões, o fato é que todas nós temos de fazê-las repetidas vezes.

Decidimos quando e como nos levantamos pela manhã — cedo, tarde ou em algum momento intermediário; se iremos levantar, literal ou figurativamente, com o pé direito ou com o esquerdo — para em seguida, realmente entrar no processo de decisões. Temos que decidir sobre o que vestir, o que comer no café da manhã, se devemos ou não lavar a louça, se escovar os dentes vem antes de pentearmos o cabelo, e assim por diante. Muitas dessas decisões não estão num grau de relevância capaz de afetar as opções. No entanto, com frequência, elas se somam e determinam um começo bom ou ruim para o nosso dia.

Pense sobre as decisões mais importantes que você fez em sua vida. Quais foram? Para algumas a escolha do cônjuge está, provavelmente, próxima de ser a mais complicada ou pode ser que encabece a lista. Certamente, você fez outras decisões que estão no mesmo patamar dessa, visto que mudaram o rumo da sua vida.

Talvez você tenha lutado sobre o casar-se ou não — ou sobre casar-se novamente depois de um matrimônio ruim e um divórcio que dilacerou o seu coração. Ou talvez é casada e não consegue decidir sobre ter filhos ou não. Estas, geralmente, são decisões prioritárias.

Que outras decisões você fez que, na ocasião, lhe pareceram importantes? Você pode ter agonizado por causa delas. Seu primeiro encontro com o príncipe encantado! O que deveria vestir? Deveria comprar um vestido novo? Comprometeria seu orçamento, durante os próximos seis meses, se adquirisse a roupa "certa", sob medida, para este importante evento?

Quem sabe você esteja redecorando a sua sala de estar e não consegue decidir se deseja encomendar o sofá brocado branco ou o de veludo colorido. Seis meses ou seis anos mais tarde, você pode nem se lembrar de algumas dessas decisões, porque de alguma forma tornaram-se particularmente irrelevantes.

Existem decisões que fazemos que, seis meses ou seis anos mais tarde, nos surpreendem pela sua importância, principalmente quando olhamos para os resultados que trouxeram. Você comprou sua casa própria por todas as razões erradas, mas depois de mudar-se descobriu que sua nova vizinhança modificou sua vida. Talvez sua vizinha seja agora a sua melhor amiga. Ela pode ter-lhe convidado para ir ao estudo bíblico e lá você foi apresentada a Jesus Cristo. Agora você é uma pessoa transformada.

Ou talvez conheceu o marido de sua vizinha e enredou-se num romance secreto que mudou tudo para você — a dinâmica do seu casamento, o relacionamento com o seu vizinho, e seu senso de integridade interior. As decisões casuais, por vezes, são as mais dramáticas e as mudanças da vida afetam a todos.

Decisões, nós as fazemos. Em seguida elas dão meia-volta e nos modelam, e, às vezes, nos quebram.

Deixe-me contar-lhe a respeito de uma mulher que precisou tomar uma decisão muito importante. Não foi uma escolha que a maioria de nós classificaria como crucial. Foi uma decisão casual a respeito de um fruto que parecia ser delicioso, e ter cheiro agradável. Alguém lhe disse que este fruto a tornaria mais sábia.

Qual é o problema? A próxima vez que você estiver na seção de produtos frescos em um supermercado à procura da penca perfeita de bananas ou de bandejas de morangos, pense sobre esta mulher e a decisão que fez a respeito de um fruto.

O nome dessa mulher é Eva. Na verdade, nós só descobrimos isso no final da história. No relato de Gênesis, o primeiro livro da Bíblia, ela era simplesmente "a mulher". De fato, naquela época, ela era a única mulher. Logo, não precisava ser chamada de mais nada a fim de ser destacada na multidão. Ela é a representante feminina da raça humana, e podemos aprender muito com as decisões que fez.

Muitas coisas começaram com Eva! Ela é chamada "...a mãe de todos os seres humanos" (GÊNESIS 3:20), e também é "a mãe de todos os que morrem". Observe-a:

> *Também disse Deus: Façamos o homem à nossa imagem, conforme a nossa semelhança; tenha ele domínio sobre os peixes*

do mar, sobre as aves dos céus, sobre os animais domésticos, sobre toda a terra e sobre todos os répteis que rastejam pela terra. Criou Deus, pois, o homem à sua imagem, à imagem de Deus o criou; homem e mulher os criou. E Deus os abençoou e lhes disse: Sede fecundos, multiplicai-vos, enchei a terra e sujeitai-a; dominai sobre os peixes do mar, sobre as aves dos céus e sobre todo animal que rasteja pela terra (GÊNESIS 1:26-28).

Como ápice de Seu esplêndido hino da criação, Deus majestosamente coroou tudo o que fez, com a criação do homem — da humanidade, homem e mulher. Observe que o primeiro homem e a primeira mulher foram criados à imagem de Deus.

É com base nesta imagem, esta semelhança, que a Adão e Eva foi concedido o domínio sobre a criação de Deus. Isso não significa que o homem e a mulher eram mais fortes que os leões, tigres e hipopótamos que estavam ao redor deles. Significa que eram o elo entre o Senhor e o mundo que Ele criara, como Seus representantes. Como imagem de Deus no mundo, eles tinham a responsabilidade de cuidar de tudo que o Senhor lhes confiara.

Além de administrar a criação de Deus, Adão e Eva também foram comissionados a serem fecundos e se multiplicarem — ter filhos. Em seguida, Deus olhou para tudo o que fizera "e eis que era muito bom".

Até aqui, tudo estava bem, pois vimos a criação a certa distância. Porém, agora, no capítulo 2, Deus faz uma reprise, em câmara lenta, do que aconteceu em Gênesis 1:27. Assim, descobrimos que Deus criou o homem e a mulher de formas bem distintas e essas diferenças são significativas.

Leia Gênesis 2:7: "Então, formou o SENHOR Deus ao homem do pó da terra e lhe soprou nas narinas o fôlego de vida, e o homem passou a ser alma vivente."

Adão foi criado do pó da terra, justamente como o seu nome em hebraico — *Adamah* — sugere. Se Deus o criasse hoje talvez o chamaria de "Poeirinha".

Leia os versículos seguintes em Gênesis 2, e você descobrirá que Adão tinha uma vida maravilhosa no Éden. No versículo 8, vemos que foi colocado num jardim planejado por Deus — certamente um lugar digno de ser admirado! No versículo 9, lemos que tinha um suprimento ilimitado de alimentos nutritivos e visualmente agradáveis. Nos versículos seguintes, lemos a respeito de rios maravilhosos para pescar ou nadar e sobre montanhas de ouro e pedras preciosas (vv.11,12). No versículo 15, lemos que Deus delegou ao homem um trabalho, isso o manteria ativo e em boa forma. Então, qual era o problema? Leia o versículo 18: "Disse mais o Senhor Deus: Não é bom que o homem esteja só; far-lhe-ei uma auxiliadora que lhe seja idônea."

O problema de Adão era que, enquanto estava sozinho, era apenas uma parte da história. Ele precisava de uma outra pessoa para completá-lo. Deus criou o homem à Sua imagem. Adão poderia ir pescar com um rinoceronte, mas não poderia discutir a agenda do dia seguinte com ele. Poderia brincar com os recém-criados *cocker spaniels*, mas não poderiam admirar o pôr do sol juntos. Adão fora criado à imagem de Deus e os animais não. O Deus triúno estabeleceu no homem uma necessidade de comunhão com outra criatura que também compartilhasse desta imagem divina. Todo aspecto feminino que havia na natureza de Deus precisava de uma representação humana.

Eva não foi um apêndice. Ela era indispensável. Conforme as palavras de Deus, a existência de Adão sem a companhia de Eva "não era boa" (v.18).

Estabelecido esse fato, você poderia pensar que Deus criaria a mulher imediatamente. Porém, não foi assim.

Havendo, pois, o Senhor Deus formado da terra todos os animais do campo e todas as aves dos céus, trouxe-os ao homem, para ver como este lhes chamaria; e o nome que o homem desse a todos os seres viventes, esse seria o nome deles. Deu nome o homem a todos os animais domésticos, às aves dos céus e a todos os animais selváticos; para o homem, todavia, não se achava uma auxiliadora que lhe fosse idônea (GÊNESIS 2:19,20).

Ao trazer os animais para Adão nominá-los, Deus estava estabelecendo uma lição objetiva. O Senhor queria que Adão aprendesse que ele ainda não tinha uma parceira na terra. O homem deveria descobrir sua singularidade como ser humano. Com isso, Deus estava preparando o homem para o grande momento em que lhe traria Eva. Adão deveria entender que Eva e ele estariam juntos em um ciclo da criação que nenhuma outra criatura no mundo poderia ocupar. Criados à imagem de Deus, somente eles poderiam desfrutar da comunhão um com o outro e com o seu Criador.

Agora que Adão estava preparado para isso, Deus deu Seu próximo passo.

*Então, o S*ENHOR *Deus fez cair pesado sono sobre o homem, e este adormeceu; tomou uma das suas costelas e fechou o lugar com carne. E a costela que o S*ENHOR *Deus tomara ao homem, transformou-a numa mulher e lha trouxe* (GÊNESIS 2:21,22).

Quanto a isso, a autora Nancy Tischler observou: "O homem dormiu durante a criação da mulher, e desde então, ela tem sido um enigma para ele."

Alguma vez você já se perguntou porque Deus trocou o método de criação? Até este ponto, Ele tinha criado os organismos vivos a partir do solo. Do pó da terra Ele fez o homem (v.7). Da terra, fez todo tipo de árvores brotar (v.9); e também formou os animais e as aves (v.19). Você pensaria que, uma vez que Seu método funcionou, o Senhor o repetiria. Mas não foi assim. Deus utilizou um novo procedimento que removeria qualquer sombra de dúvida de que o homem e a mulher compartilhavam uma essência idêntica.

Adão jamais poderia dizer: "Eva, você foi formada da mesma matéria-prima que eu, mas isso também ocorreu com os animais. Talvez você se assemelhe mais a eles do que a mim." Não, Adão e Eva tinham a mesma essência. Ambos foram criados à imagem de Deus, tinham domínio e compartilhavam a incumbência de povoar a terra.

Em Gênesis 2:23 lemos o reconhecimento extasiado de Adão a respeito disso: "E disse o homem: Esta, afinal, é osso dos meus ossos e carne da minha carne; chamar-se-á varoa, porquanto do varão foi tomada." Ele sabia quem ela era: "útero/homem", uma parte de seu próprio ser.

Eva, quem foi essa mulher? Ela era perfeita, vivia num mundo sem pecado e desfrutava de um relacionamento perfeito com o Criador e com seu marido. Nela vemos a mulher completa. Era livre para ser humana e ser tudo o que uma mulher pudesse desejar. Eva mostra-nos o que a humanidade deveria ser quando foi criada.

Também nos mostra o que a humanidade escolheu ser. A história continua em Gênesis 3. Encontramos ali uma serpente arrastando-se em sua direção para iniciar uma conversa que terminou num desastre. Mas, antes de observarmos o diálogo entre os dois, precisamos destacar o seguinte fato: "E o Senhor Deus lhe deu esta ordem: De toda árvore do jardim comerás livremente, mas da árvore do conhecimento do bem e do mal não comerás; porque, no dia em que dela comeres, certamente morrerás" (GÊNESIS 2:16,17).

Em meio a toda a opulência do Éden, havia uma árvore cujo fruto Deus alertou a Adão e Eva que não comessem. Será que o Senhor estava fazendo algum tipo de brincadeira com eles? Ou será que os estava atormentando, tentando-os além da sua capacidade de resistir?

Para entendermos o porquê dessa árvore, precisamos compreender mais uma coisa envolvida no fato de sermos criados à imagem de Deus. No centro do universo, as estrelas se movem em ciclos previsíveis. A primavera e a colheita estão determinadas pelo curso natural das estações. Toda a natureza está programada para responder como Deus planejou que respondessem. Os pássaros voam. Os peixes nadam. Os cervos correm. Mas no meio de toda a criação está o homem e a mulher que foram criados com um diferencial — eles podiam escolher. Podiam optar por amar e obedecer a Deus. Ou podiam optar por virar as costas para o Senhor e seguir seu próprio caminho de independência. Eles eram os únicos elementos não programados no universo.

Deus sancionou o direito de escolha e validou a Sua imagem em nós ao nos dar o poder de decidir. A árvore estava lá no jardim para que Adão e Eva pudessem optar, voluntariamente, por permanecer em comunhão com o Senhor.

Todo o nosso amor está associado à escolha. Sem o direito de escolher não faz sentido dizer que amamos. Podemos exigir obediência, mas não podemos exigir amor. A árvore concedeu a Adão e Eva a oportunidade de amar a Deus de forma significativa. E por meio de sua presença era, para o homem e a mulher, um lembrete visível de que eram criaturas dependentes de seu Criador.

Com isso em mente, retorne à conversa registrada em Gênesis 3:1-7.

Mas a serpente, mais sagaz que todos os animais selváticos que o Senhor Deus tinha feito, disse à mulher: É assim que Deus disse: Não comereis de toda árvore do jardim? Respondeu-lhe a mulher: Do fruto das árvores do jardim podemos comer, mas do fruto da árvore que está no meio do jardim, disse Deus: Dele não comereis, nem tocareis nele, para que não morrais. Então, a serpente disse à mulher: É certo que não morrereis. Porque Deus sabe que no dia em que dele comerdes se vos abrirão os olhos e, como Deus, sereis conhecedores do bem e do mal. Vendo a mulher que a árvore era boa para se comer, agradável aos olhos e árvore desejável para dar entendimento, tomou-lhe do fruto e comeu e deu também ao marido, e ele comeu. Abriram-se, então, os olhos de ambos; e, percebendo que estavam nus, coseram folhas de figueira e fizeram cintas para si.

Escolhas. Qual foi a escolha que Eva fez? Foi apenas a decisão quanto a um pedaço da fruta. Era só isso mesmo? Por detrás das nossas pequenas escolhas normalmente estão escondidas grandes decisões. Para Eva, essa foi verdadeiramente a decisão de duvidar da bondade de Deus. Foi uma maneira de dizer que Deus apresentou uma imagem distorcida de si mesmo, pois Ele realmente não tinha interesse no bem-estar do casal.

Eva optou por dar ouvidos à mentira de Satanás. Ela escolheu crer que Deus mentiu porque não queria que Suas criaturas se tornassem como Ele. A sua decisão — e a de Adão, quando recebeu o fruto e o comeu — demonstrou o paradoxo de terem sido criados à imagem de Deus: Somos livres para colocar nossa vontade acima da vontade de Deus. Somos livres para ignorar nosso Criador. Ao nosso redor existem pessoas — talvez em nossa família e em nosso círculo de amigos — que decidiram que podem viver sem Deus e por isso dispensam a Sua Palavra e a Sua vontade.

Dessa escolha feita pela primeira mulher e pelo primeiro homem surgiram três consequências com as quais você e eu convivemos hoje. A primeira já vimos em Gênesis 3:7. Seus olhos se abriram e perceberam que estavam nus. O simbolismo é claro: eles compreenderam o que haviam feito. Sentiram-se culpados por desobedecer a Deus. Nos versículos a seguir, vemos o seu confronto com Aquele de quem agora procuravam se esconder:

> *Quando ouviram a voz do Senhor Deus, que andava no jardim pela viração do dia, esconderam-se da presença do Senhor Deus, o homem e sua mulher, por entre as árvores do jardim. E chamou o Senhor Deus ao homem e lhe perguntou: Onde estás? Ele respondeu: Ouvi a tua voz no jardim, e, porque estava nu, tive medo, e me escondi. Perguntou-lhe Deus: Quem te fez saber que estavas nu? Comeste da árvore de que te ordenei que não comesses? Então, disse o homem: A mulher que me deste por esposa, ela me deu da árvore, e eu comi. Disse o Senhor*

Eva

Deus à mulher: Que é isso que fizeste? Respondeu a mulher: A serpente me enganou, e eu comi (3:8-13).

A comunhão com Deus estava destruída. Adão e Eva se esconderam. A primeira alienação que o casal vivenciou foi a separação de Deus, seu Criador.

Não foi somente o relacionamento vertical que se rompeu. Observe a resposta que Adão deu à pergunta de Deus: ele transferiu a culpa para Eva. E quando Deus questionou Eva, ela culpou a serpente.

A culpa substituiu a confiança e o amor. A raça humana estava agora dividida. Como consequência, a inimizade se esconde na raiz de todo relacionamento. Psicólogos e psiquiatras ocupam-se de uma sociedade inteira que tenta lidar com a culpa, responsabilidades, recriminações e a inimizade que nos separam uns dos outros. Vivemos num mundo cheio de problemas que brotam dessa separação nos relacionamentos interpessoais. Os números de divórcio em nossos tribunais atestam isso. As organizações que auxiliam os abusados e os abusadores, testificam sobre isso. As mulheres enfrentam problemas terríveis dentro e fora do casamento, dentro e fora do local de trabalho, tudo porque a culpa e a responsabilidade substituíram o amor e a confiança.

A desobediência ao Senhor rompeu o relacionamento vertical com Ele — entre o homem e Deus — e também os relacionamentos horizontais — entre homens e mulheres, pais e filhos — entre pessoas envolvidas em qualquer tipo de relacionamento humano.

Além disso, a desobediência rompeu o relacionamento harmonioso que Deus criou entre a natureza e o primeiro casal. A mulher continuaria a gerar filhos, mas agora com dor. O homem continuaria a ser um jardineiro e agricultor, mas agora teria que lutar com um solo amaldiçoado, que produziria espinhos e abrolhos. Nossos relacionamentos com Deus, com os outros e com a criação ao nosso redor, foram todos rompidos por uma índole independente.

Observe que nem a mulher nem o homem foram amaldiçoados. A serpente e a terra foram amaldiçoadas. Entretanto a mulher e o homem sofreriam as consequências naturais de viver num mundo decaído e lidar com a natureza hostil.

Perceba também que as profecias que Deus fez a Adão e Eva se referem à perda de sua condição original. Eva, que no Éden tinha a mesma posição que Adão, seria agora governada por seu marido. Adão, criado a partir do solo e tendo domínio sobre a terra, agora trabalharia arduamente a fim de que o solo produzisse alimento para o sustento de sua família. Por fim, ele voltaria a ser pó — "…porque tu és pó e ao pó tornarás" (3:19).

À medida que acompanhamos o homem e a mulher — agora fora do jardim — encontramos Eva somente em mais duas ocasiões. No capítulo 4, lemos que ela deu à luz a Caim, em seguida a Abel, e depois a um terceiro filho, que chamou de Sete. Todos os outros filhos não foram mencionados. Também, nada foi dito sobre sua morte. Sua vida foi uma sucessão de anos de fadiga e cansaço. Sim, ela ganhou o que tinha lhe sido prometido: o conhecimento do bem e do mal. Mas também conheceu a labuta, a dor, a perda e a morte. Deu à luz a dois filhos cujo antagonismo terminou em assassinato e exílio.

Muitas mulheres viveram grandes tragédias, mas nenhuma outra jamais conheceu a angústia que Eva experimentou quando deslocou-se do Éden para a separação — o afastamento de Deus, de seu marido e de um meio ambiente aprazível. Conhecer o bem, da forma como ela o conheceu, certamente intensificou o horror do mal. Eva ainda refletia a imagem de Deus. Embora corrompida, ainda assim, continuava sendo à imagem do Criador. Foi cortada da comunhão com Aquele com quem deveria se relacionar. Ela conheceu o vazio e a angústia ao lembrar-se do propósito para o qual fora criada, sem a possibilidade de se tornar tudo o que tinha sido projetada para ser!

Eva

Em meio ao trágico desfecho dessa história, encontramos um minúsculo raio de esperança para Eva. Esse pequeno raio transformou-se num feixe de luz cheio de esperança para nós hoje. Embutida na maldição evocada sobre a serpente, estava a palavra de Deus que dizia: "Porei inimizade entre ti e a mulher, entre a tua descendência e o seu descendente. Este te ferirá a cabeça, e tu lhe ferirás o calcanhar" (3:15).

Mesmo em meio às punições e profecias devido ao pecado do primeiro casal, Deus estava preocupado em restabelecer o relacionamento com aqueles que carregavam em si a Sua imagem. Ele advertiu a Satanás de que a sua vitória não seria para sempre. Chegaria o dia em que alguém nascido da semente da mulher — uma afirmação incomum pois "semente" ou sêmen sempre provinha do homem — iria ferir a cabeça da serpente.

Aqui encontramos a primeira promessa, a primeira indicação de um futuro livre de pecados. A má notícia continha boas-novas. Deus não havia desistido de Suas criaturas. A peça ainda não tinha terminado. A cortina ainda não havia baixado no ato final.

Se você voltar no tempo em que estudou literatura na escola, talvez se lembre de que algumas peças de teatro eram chamadas de comédias, outras de tragédias. Para muitas de nós uma comédia é uma peça engraçada com muitas falas espirituosas. Todavia essa não é a maneira correta de diferenciar a comédia da tragédia, pois tanto uma como outra seguem o mesmo enredo básico.

No primeiro ato, o escritor coloca a mulher em cima de uma árvore. No segundo ato, um urso está debaixo da árvore rugindo. No terceiro ato — bem, é aqui que vamos descobrir se a peça é uma tragédia ou uma comédia. A diferença está em como a peça termina. Na tragédia, a história se desenrola sem esperança. Uma vez que o enredo comece a se desenvolver, decisões equivocadas conduzem a finais errados. Por outro lado, a comédia também inclui más decisões por parte dos personagens, mas de alguma forma, as crises e o sofrimento são contornados, e no final tudo acaba bem.

A história de Eva é trágica — não somente para ela, mas para toda a raça humana. Inclusive para você e para mim. Uma vez que ela decidiu comer do atraente fruto, não podia mais mudar o final da história nem para si, nem para Adão, Caim, Abel, Sete ou qualquer um de seus descendentes. Mas o Autor poderia entrar na história e mudar o seu final. Deus poderia usar todas as más decisões, a dor e a tristeza e usá-las para obter um final feliz. Ele fez a primeira alusão a isso em Gênesis 3:15, quando prometeu que um descendente da mulher iria derrotar Satanás e seu poder no mundo.

Você e eu não vivemos como Eva, esperando pelo cumprimento da promessa do Senhor. Vivemos com essa promessa já cumprida em nossa vida. Jesus Cristo veio, e, por meio dele, podemos nos relacionar com Deus.

O apóstolo Paulo sabia que esse fato faria diferença na vida dos gregos do 1.º século d.C., na igreja que se reunia em Corinto. Ele lhes escreveu: "Porque, assim como, em Adão, todos morrem, assim também todos serão vivificados em Cristo" (1 CORÍNTIOS 15:22).

Em Cristo, você e eu podemos ser vivificadas. Em Cristo, podemos vivenciar um relacionamento vertical com nosso Criador, o relacionamento que Eva e Adão desprezaram em troca da ambição de serem como Deus. Podemos escolher ao Senhor a fim de que Ele escreva o final feliz para o drama de nossa vida. Podemos escolhê-lo para que Ele estabeleça o relacionamento que não é rompido por nossa independência nem por nossas más escolhas. Então, poderemos ver como Deus traz cura aos relacionamentos humanos que, muitas vezes, nos oprimem.

Podemos escolher. Se você ainda não fez essa escolha, agora é o tempo certo de optar pelo relacionamento vertical com Deus, por meio de Jesus Cristo.

A história não acaba em Eva. Ela é só o começo. Este livro começa com ela e terminará com uma outra mulher, que ao dizer "Sim" para Deus, trouxe o nosso Salvador ao mundo. Entre Eva e Maria há milhares de anos e encontram-se milhares de mulheres. Este livro analisa como algumas delas se depararam com as tragédias da vida, que lhe foram infligidas por serem pessoas imperfeitas num mundo decaído. É uma história de separação, de pecado e de mulheres cujas histórias nos fazem lembrar de que nossas lutas não são novas. Porém, é também uma história de esperança, de escolhas — boas, más, e daquelas que, às vezes, as pessoas pensam que não foram especialmente importantes.

À medida que aprendemos com outras mulheres, podemos optar por sermos mulheres cujos olhos estão voltados para Deus. Portanto, podemos escolher sabiamente e viver.

Questões para reflexão pessoal ou grupo de estudo

1. Descreva uma decisão que fez que, na ocasião, parecia importante, mas a longo prazo não teve efeito em sua vida.

2. Descreva uma decisão que você fez que, na ocasião, parecia pequena, porém teve um grande efeito em sua vida.

3. O que você pensa das consequências ao escolher viver sem levar em consideração a vontade de Deus?

4. O que significa "graça" e como isso se aplica a nós quando reconhecemos que, de alguma forma, com as decisões que fazemos "nos opomos a Deus"?

Lia

COMO VIVER COM UM HOMEM QUE NÃO A AMA

NO FILME *A noviça rebelde* (1965), quando Maria decide ensinar as crianças Von Trapp a cantar, ela dedilha alguns acordes em seu violão e, em seguida, canta: "Vamos começar pelo o começo. Um lugar muito bom para começar."

Quando falamos sobre casamento, é bom voltarmos ao seu início, onde ele começou: "Disse mais o Senhor Deus: Não é bom que o homem esteja só; far-lhe-ei uma auxiliadora que lhe seja idônea" (GÊNESIS 2:18). Uma vez que isto ocorreu, o escritor de Gênesis nos relata: "Por isso, deixa o homem pai e mãe e se une à sua mulher, tornando-se os dois uma só carne" (v.24).

Você se lembra da história. Adão estava sozinho e o Senhor disse: "Não é bom." Para conscientizar plenamente o primeiro homem de sua solidão, Deus organizou um desfile com todos os animais que passaram em frente do único ser humano que havia na terra para lhe recordar que ele não tinha o seu par no universo. Adão necessitava de alguém para compartilhar sua vida. Ele foi criado para se relacionar. Sozinho, era somente a metade da história. Assim, Deus criou Eva e a trouxe para ele. Com isso, todas as peças estavam em seu lugar para um casamento esplêndido.

Lia

Com esse início perfeito, ambos — o homem e a mulher — encontravam-se numa situação ideal. Eles foram criados à imagem de Deus e colocados num jardim — onde tinham um trabalho estimulante, sem fadiga e estresse.

Bem, você sabe o que aconteceu em seguida. Tinha a ver com uma das ordens de Deus, um fruto e uma escolha. Desta escolha surgiu a separação: o afastamento do Senhor, o seu Criador; da natureza, que agora os governaria, os esgotaria e, eventualmente, os absorveria para si mesma; separação um do outro porque a culpa substituiu a confiança e a igualdade foi substituída pela hierarquia. Finalmente, um afastamento interior, pois cada um deles se converteu em uma guerra interior ambulante. Estavam divididos entre as suas esperanças e seus temores, e vacilavam entre a sua necessidade fundamental de relacionar-se e seu ressentimento por terem que pagar o preço desse relacionamento. Encontravam-se agora como pessoas imperfeitas, vivendo em um mundo decaído.

A morte invadiu a vida. Hoje, nós, seus descendentes e herdeiros, vivemos com essa realidade. A morte invade a vitalidade de nossos relacionamentos. Dentro de cada uma de nós há um profundo anseio pelo relacionamento perfeito. Toda a nossa vida suspira tanto por esse tipo de relação que não nos satisfazemos com nada menos. Chegar a um acordo com o fato de que somos pessoas imperfeitas em um mundo decaído é algo difícil. Não pretendemos desistir de nossos sonhos e reconhecer que a morte violou nossos relacionamentos.

No período de apenas seis gerações, desde Adão e Eva, o relacionamento perfeito entre um homem e uma mulher tinha dado lugar à poligamia. Em Gênesis 4:19 lemos que Lameque se casou com duas mulheres: Ada e Zilá. O relacionamento de uma só carne — uma união que não é somente física, mas também psicológica, emocional e espiritual — não era possível para um homem que adquiria esposas da mesma forma como negociava gado, ovelhas ou ouro.

Quando voltamos a Gênesis 29, encontramos duas mulheres — Lia e sua irmã Raquel — que eram esposas rivais, presas a um relacionamento polígamo. Raquel, a mais nova, era a preferida de seu marido. Lia não era amada.

Encontramos, primeiramente, Lia como um joguete do engano para alguém. Jacó havia enganado a seu irmão, Esaú, por causa da primogenitura e havia fugido de Canaã para a terra de seus ancestrais. Ele foi à casa de seu tio Labão, irmão de sua mãe. Labão o convidou para ficar em sua casa e trabalhar para ele. Vejamos a maneira como a história se desenrola em Gênesis 29, onde os dois homens discutem sobre a forma do pagamento:

Ora, Labão tinha duas filhas: Lia, a mais velha, e Raquel, a mais moça. Lia tinha os olhos baços, porém Raquel era formosa de porte e de semblante. Jacó amava a Raquel e disse: Sete anos te servirei por tua filha mais moça, Raquel.

Respondeu Labão: Melhor é que eu ta dê, em vez de dá-la a outro homem; fica, pois, comigo. Assim, por amor a Raquel, serviu Jacó sete anos; e estes lhe pareceram como poucos dias, pelo muito que a amava.

Disse Jacó a Labão: Dá-me minha mulher, pois já venceu o prazo, para que me case com ela. Reuniu, pois, Labão todos os homens do lugar e deu um banquete. À noite, conduziu a Lia, sua filha, e a entregou a Jacó. E coabitaram. (Para serva de Lia, sua filha, deu Labão Zilpa, sua serva.)

Ao amanhecer, viu que era Lia. Por isso, disse Jacó a Labão: Que é isso que me fizeste? Não te servi eu por amor a Raquel? Por que, pois, me enganaste? Respondeu Labão: Não se faz assim em nossa terra, dar-se a mais nova antes da primogênita. Decorrida a semana desta, dar-te-emos também a outra, pelo trabalho de mais sete anos que ainda me servirás.

Lia

Concordou Jacó, e se passou a semana desta; então, Labão lhe deu por mulher Raquel, sua filha. (Para serva de Raquel, sua filha, deu Labão a sua serva Bila.) E coabitaram. Mas Jacó amava mais a Raquel do que a Lia; e continuou servindo a Labão por outros sete anos (vv.16-30).

Provavelmente, o primeiro de quem você se compadecerá é de Jacó. Afinal, negócio é negócio. Ele fez um acordo por Raquel, não por Lia. Porém, o seu astuto tio foi mais rápido e o ligou a Lia.

É claro, Jacó também foi muito astuto em sua conduta. Ele havia iludido ao seu pai, Isaque, que nesta altura estava cego, e enganou o seu irmão, Esaú. Por isso, ele não era completamente inocente. Mas ainda assim, nos compadecemos dele. Depois de sete anos de trabalho, Jacó passou por todas as festividades tradicionais a fim de celebrar seu casamento com Raquel. Na tenda obscurecida, ele esperou que sua noiva lhe fosse entregue; na penumbra viu apenas uma mulher entrar, coberta com um véu, e pensou que fosse Raquel. Que choque ao descobrir, na manhã seguinte, que a mais velha, Lia, que não era tão bonita, havia substituído sua belíssima irmã!

Por quem você sente empatia? É fácil compadecer-se de Jacó, mas esquecemos como deve ter sido estar, na manhã seguinte, no lugar de Lia. Embora, nenhum texto confirme isso, alguns comentaristas especulam que ela tenha amado a Jacó durante esses sete anos e por isso estava disposta a ser cúmplice no esquema do pai. Quer ela tenha ido à tenda de Jacó naquela noite como cúmplice voluntária quer como uma filha dedicada simplesmente obedecendo a seu pai, não deve ter ficado muito emocionada quando, naquela manhã, seu marido fez uma cena com o sogro.

Se Lia de alguma forma esperava pelo amor de Jacó, se alguma vez ousou pensar que poderia competir com sua formosa irmã caçula, todas as suas ilusões se desvaneceram quando Jacó manifestou sua indignação com a fraude. Ela não era amada, desejada, tampouco procurada por ele. E uma semana mais tarde, quando Jacó tomou Raquel para si, Lia ficou como a esposa substituída.

Você pode pensar que esta é somente uma história incomum da antiguidade — algo que jamais aconteceria atualmente. Mas o engano, de uma ou outra forma, tem sido parte de muitos namoros, de muitos relacionamentos. Se você é casada, recorde o dia de seu casamento. Você obteve o que esperava? Ou, de alguma maneira, se sentiu enganada pelo seu cônjuge? Na verdade, a vida pode parecer desoladora quando o relacionamento mais importante em nossa experiência, desde o início, foi deformado pelo engano ou desapontamento. Enfim, casadas ou não, todas nós vivemos em um mundo pecaminoso e estabelecemos relacionamentos com pessoas pecadoras. Trazemos a nossa própria pecaminosidade para estes relacionamentos. Logo, não é de se admirar que o engano e a desilusão os corrompam.

Porém, uma das palavras mais belas na triste história da desprezada Lia, se encontra em Gênesis 29: "Vendo o Senhor que Lia era desprezada, fê-la fecunda; ao passo que Raquel era estéril. Concebeu, pois, Lia e deu à luz um filho..." (vv.31,32).

Deus não estava indiferente à sua situação: viu a dor em seu coração e fez algo a respeito de sua condição. Ele a abençoou para dar um filho a Jacó. O Deus soberano viu a necessidade de Lia e agiu em seu favor. No processo, o Senhor estava descortinando Seu plano para Jacó e seus descendentes, e este incluía a forma como enviaria Jesus Cristo, o Messias e Redentor, ao mundo.

Parte das limitações de Lia estava em que ela não era precisamente uma candidata ao concurso de Miss Mesopotâmia, e tinha uma irmã que era. Raquel tinha uma aparência esplêndida — "...era formosa de porte e de semblante" (v.17). Quando ela aparece pela primeira vez em Gênesis 29:6-12, é como se saltasse da página, cheia de vitalidade e energia. Em suma, ela tinha simplesmente tudo. Por isso, não é de se surpreender que Jacó tenha ficado encantado quando a viu. Logo, não é de admirar o seguinte relato bíblico: "Assim, por amor a Raquel,

Lia

serviu Jacó sete anos; e estes lhe pareceram como poucos dias, pelo muito que a amava" (v.20).

Ao mesmo tempo, vemos Lia. A única coisa que sabemos sobre ela é que tinha "...olhos baços..." (v.17). Para comentaristas e tradutores tem sido uma batalha entender a palavra hebraica traduzida aqui como "baços". Na realidade, não sabemos como eram os olhos de Lia. Alguns dizem que seus olhos eram lesados, outros que ela estava no limiar da cegueira e que Labão queria livrar-se dela rapidamente antes disso acontecer. A versão bíblica *King James* em português traduz essa palavra como "meigos", e a *Bíblia Viva* como "fracos". Todas estas são possibilidades. Talvez Lia tivesse somente uma característica que chamasse a atenção — seus olhos "meigos" — ou quem sabe, eram tão desfigurados que todo o restante desvaneceu-se na insignificância. O importante é que, independentemente de como era sua aparência, cresceu à sombra da sua formosa irmã e, na comparação entre uma e outra, viveu em grande desvantagem.

Deus poderia ter criado Lia tão formosa quanto Raquel? Certamente. Então, se Ele realmente se importava com ela, por que não o fez? Isso, a teria livrado de grande sofrimento. Por que o Senhor esperou até que Jacó a desprezasse como esposa para fazer algo de bom por ela?

O profeta Isaías nos lembra que "...assim como os céus são mais altos do que a terra, assim são os meus caminhos mais altos do que os vossos caminhos, e os meus pensamentos, mais altos do que os vossos pensamentos" (ISAÍAS 55:9). Quando nos aproximamos e vemos Lia mais de perto, entendemos que Deus a criou igualmente formosa como a sua irmã Raquel, logo as chances de Lia comprometer-se com outra pessoa, e não com Jacó, eram grandes. Se este tivesse sido o caso, Jacó jamais teria tido os filhos distintos, por meio dos quais Deus agiria a favor de Israel e de um mundo decaído. Muitas vezes, Deus age em nossa vida colocando-nos em situações desconfortáveis a fim de nos mostrar o Seu poder e amor por meio delas. Ele trabalha para o nosso bem, permitindo as lutas em relacionamentos que são tudo, menos perfeitos.

Lia não era amada. Mas Deus viu isso e a fez fértil. Ela deu à luz não somente uma vez, mas pelo menos sete vezes. Toda vez que Lia segurava em seus braços um novo filho e lhe dava um nome, podemos ter uma ideia do que se passava em sua mente, em seu coração e do que necessitava.

Em Gênesis 29, enquanto embalava o seu primogênito, Lia o "...chamou Rúben, pois disse: O Senhor atendeu à minha aflição. Por isso, agora me amará meu marido" (v.32). Logo depois, Lia "concebeu outra vez, e deu à luz um filho, e disse: Soube o Senhor que era preterida e me deu mais este; chamou-lhe, pois, Simeão" (v.33).

Como se dois filhos já não bastassem, "Outra vez concebeu Lia, e deu à luz um filho, e disse: Agora, desta vez, se unirá mais a mim meu marido, porque lhe dei à luz três filhos; por isso, lhe chamou Levi" (v.34).

Os três filhos eram o suficiente? Aparentemente não, pois "de novo concebeu e deu à luz um filho; então, disse: Esta vez louvarei o Senhor. E por isso lhe chamou Judá; e cessou de dar à luz" (v.35).

Quatro meninos pequenos. Você pode imaginar Lia do lado de fora de sua tenda, num dia de verão escaldante na Mesopotâmia, chamando: "Rúben! Simeão! Levi! Judá!"? Veja o progresso da compreensão de Lia e da sua fé, ao observar o significado desses nomes.

Rúben — "Aqui está o filho". Lia reconhece que Deus viu a sua aflição e abriu-lhe o ventre dando-lhe um filho. Ela interpretou esse fato como a maneira de Deus capacitá-la a conquistar o amor de seu marido. Mas funcionou dessa maneira? Aparentemente, não. Menos de um ano depois, nasceu Simeão.

Simeão — Disse Lia: "Soube o Senhor que era preterida," por isso deu ao seu filho o nome que significa "aquele que ouve". O nascimento de Rúben não fez Jacó amá-la. Ele continuava a ter olhos somente para Raquel. Porém, por ouvir os suspiros de Lia, ver as suas lágrimas, entender o seu profundo desejo de ter o amor de seu marido,

Lia

Deus concedeu a ela este segundo filho. Certamente, desta vez Jacó a amaria. Mas Ele a amou?

Levi — Novamente, Lia concebeu e a este filho deu o nome que significa "unido". Ela o explicou: "Agora, desta vez, se unirá mais a mim meu marido, porque lhe dei à luz três filhos."

A esperança é fonte perene no coração humano. Lia esperava, primeiro com Rúben, depois com Simeão, e mais tarde com Levi, que cada novo filho fizesse alguma diferença em seu casamento; que Jacó de alguma maneira começasse a amá-la como amava a Raquel. Ela ainda esperava ser tratada no mínimo com igualdade ou, melhor ainda, ter o primeiro lugar em seu coração. Com o passar do tempo, depois do nascimento desses filhos, a esperança foi protelada e depois lançada por terra. Todos os esforços de Lia para conquistar o amor de seu marido — com a ajuda de Deus — não produziram o resultado esperado. Os olhos dele eram somente para a estéril, mas formosa, Raquel.

Muitas esposas fazem até o impossível para ganhar ou manter o amor do marido que não lhes correspondem. E com a mesma frequência, assim como Lia, essa fonte de esperança que é eterna, se torna em uma esperança adiada ou frustrada.

É difícil viver num relacionamento sem experimentar um amor comprometido, mútuo e profundo. Tudo em nós anela por isso. Afinal, este foi o propósito original de Deus para o casamento, quando criou o homem e a mulher e os colocou juntos no jardim do Éden.

O casamento no Éden era mais do que sexo. Era um casamento de mente, objetivos, interesses e espírito. E era a união de dois corpos se convertendo em um só, para simbolizar a unidade que um homem e uma mulher poderiam experimentar em todas as dimensões de sua vida em comum. Era uma unidade total e possível somente no Éden. Por serem perfeitos, Adão e Eva puderam desfrutar desse relacionamento.

Por ser uma mulher imperfeita casada com um homem imperfeito, eu não posso ter esta união absoluta e pura, com o meu marido. As minhas necessidades entram em conflito com as dele. Os seus desejos colidem com os meus. Com isso, é fácil se decepcionar com um relacionamento que não pode ser perfeito. Assim, tentamos e desejamos algo melhor. No mundo de hoje, se perdemos a esperança de consegui-lo com o Sr. Maravilhoso n.º 1, podemos decidir experimentá-lo com Sr. Maravilhoso n.º 2 ou então com o Sr. Maravilhoso n.º 3.

Com a decepção de se sentir menos amada do que gostaria, é possível encontrar recursos para a felicidade em um casamento que é tudo, menos perfeito? Numa época, na qual estamos rodeadas pelos meios de comunicação dizendo que o amor romântico é a base de casamentos sólidos, é difícil apegar-se ao fato de que se pode construir um casamento magnífico sobre algo que não é o amor.

Observe a atitude de Lia quando nasceu o seu quarto filho. Ela lhe deu o nome de *Judá*, que significa "louvor". Ela explicou este nome dizendo: "...Esta vez louvarei o SENHOR..." (v.35). Pela primeira vez, ao dar nomes aos seus filhos, Lia deixou de expressar o seu anelo pelo amor de Jacó e a aceitar e alegrar-se no amor de Deus.

A atenção de Lia deslocou-se daquilo que necessitava para o que ela recebia. É verdade, as coisas em relação a Jacó eram as mesmas. Ele continuava deslumbrado com Raquel. Lia não podia mudá-lo, mas poderia mudar a si mesma. Ela poderia mudar seu foco e reconhecer a mão de Deus em sua vida, dando-lhe significado.

O passo mais importante em direção à alegria num casamento sem amor é mudar a nossa atenção daquilo que não temos para aquilo temos. Lia teve quatro filhos numa época em que filhos homens eram tudo. Ela se deu conta da sua abençoada situação e disse: "Esta vez louvarei o SENHOR."

⁓♡⁓

Gênesis 30 começa destacando Raquel:

> *Vendo Raquel que não dava filhos a Jacó, teve ciúmes de sua irmã e disse a Jacó: Dá-me filhos, senão morrerei. Então, Jacó se*

Lia

irou contra Raquel e disse: Acaso, estou eu em lugar de Deus que ao teu ventre impediu frutificar? Respondeu ela: Eis aqui Bila, minha serva; coabita com ela, para que dê à luz, e eu traga filhos ao meu colo, por meio dela (vv.1-3).

Então, vemos a competição entre as duas esposas se intensificar. Bila teve um filho com Jacó que se tornou legalmente filho de Raquel. Sabemos disto porque foi Raquel quem deu o nome à criança. Ela o chamou Dã, dizendo: "...Deus me julgou, e também me ouviu a voz, e me deu um filho..." (v.6).

Se deu resultado uma vez, talvez desse resultado novamente. Assim, Raquel enviou Bila novamente a Jacó. A serva deu à luz a um outro filho e Raquel o chamou de Naftali, que significa "a minha luta". Raquel explicou a escolha dos nomes dizendo: "...Com grandes lutas tenho competido com minha irmã e logrei prevalecer..." (v.8).

Será mesmo? Na realidade, o placar estava quatro a dois, a favor de Lia. Mas nervosa pensando que a sua irmã poderia alcançá-la, Lia se lançou ao mesmo jogo e também entregou a sua serva Zilpa a Jacó. Quando Zilpa deu à luz a um filho, Lia o chamou de Gade, que significa "boa fortuna". Sim, as suas riquezas estavam aumentando. O placar agora estava cinco a dois, ainda a favor de Lia.

Isso funcionou duas vezes para Raquel. Talvez funcionasse duas vezes para Lia. Por isso, ela enviou Zilpa mais uma vez para dormir com Jacó. Ela ficou grávida e deu à luz a outro filho. Lia o chamou de Aser, que significa: "feliz". Ela explicou: "...É a minha felicidade! Porque as filhas me terão por venturosa..." (v.13).

Que mudança! A amada e favorecida Raquel, estava desolada. A infeliz e desprezada Lia exclamou: "É a minha felicidade!" Os papéis se inverteram. A mulher que inicialmente tinha tudo, estava sendo consumida pelo ciúme e pela frustração. A esposa substituta, que desejou desesperadamente ter o amor de seu marido, agora havia aprendido a se concentrar no que tinha e não no que lhe faltava. Ela podia dizer: "É a minha felicidade!"

Eu teria me alegrado se essa história tivesse terminado em Gênesis 30:13. Lia parecia ser a vitoriosa, em seu casamento sem amor. Ela louvou a Deus pelo que tinha e não se concentrou no que lhe faltava. Teria sido bom ver a situação ficando assim pelo resto da sua vida. Mas as nossas batalhas raramente permanecem ganhas. Na rivalidade do dia a dia entre Raquel e Lia, que durou toda sua vida, a luta de Lia em viver acima de seu casamento sem amor, travou-se uma e outra vez.

Podemos obter uma percepção do relacionamento entre as duas irmãs, no episódio a seguir:

Foi Rúben nos dias da ceifa do trigo, e achou mandrágoras no campo, e trouxe-as a Lia, sua mãe. Então, disse Raquel a Lia: Dá-me das mandrágoras de teu filho. Respondeu ela: Achas pouco o me teres levado o marido? Tomarás também as mandrágoras de meu filho? Disse Raquel: Ele te possuirá esta noite, a troco das mandrágoras de teu filho. À tarde, vindo Jacó do campo, saiu-lhe ao encontro Lia e lhe disse: Esta noite me possuirás, pois eu te aluguei pelas mandrágoras de meu filho. E Jacó, naquela noite, coabitou com ela. Ouviu Deus a Lia; ela concebeu e deu à luz o quinto filho (GÊNESIS 30:14-17).

Este incidente demonstra a tensão diária na família de Jacó. O pequeno Rúben havia encontrado algumas mandrágoras no campo. Esta é uma planta que dá uma fruta amarela do tamanho de uma ameixa e tem a forma de um tomate. Esta fruta era chamada de maçã do amor. As pessoas acreditavam que as mandrágoras ajudavam as mulheres a se tornarem férteis.

Lembra-se da exclamação de Raquel a Jacó, no início de Gênesis 30: "Dá-me filhos, senão morrerei!"? Agora você poderá entender a razão pela qual Raquel, ao ver Rúben com "maçãs de amor", pediu a Lia para dar-lhe algumas. Mas também pode compreender a resposta de

Lia

Lia: "Achas pouco o me teres levado o marido? Tomarás também as mandrágoras de meu filho?"

O relacionamento entre Lia e Raquel ainda continuava afetado pela rivalidade e recriminação (Não admira que, anos mais tarde, o casamento de duas irmãs com o mesmo homem foi proibido na lei mosaica — Levítico 18:18). Raquel faria qualquer coisa para engravidar. Lia não podia esquecer que Raquel tinha o coração de seu marido em suas negligentes mãos. Portanto, começaram a negociar. Por fim, Raquel consentiu em permitir que Jacó dormisse com Lia naquela noite, em troca das mandrágoras.

Ironicamente, foi a mulher sem as mandrágoras que engravidou. Aquela que acreditava nas propriedades mágicas daquelas pequenas "maçãs de amor" amarelas, continuou a ser estéril.

Quando o quinto filho de Lia nasceu, ela o chamou de *Issacar*, que significa "recompensa". Ela explicou o nome, dizendo: "...Deus me recompensou, porque dei a minha serva a meu marido..." (v.18). Não estou certa do que ela queria dizer com isso. Zilpa deu a Jacó dois filhos. Na antiguidade, os filhos eram muito importantes para as famílias, por que Lia ao entregar voluntariamente sua serva ao marido mereceu uma recompensa especial? Embora tenha feito o mesmo, isso não aconteceu com Raquel. Lia viu o nascimento de Issacar como uma recompensa de Deus.

Parece que quase imediatamente, Lia concebeu de novo e deu à luz a um sexto filho a Jacó, a quem chamou de *Zebulom*, que significa "morada". A sua explicação foi: "Deus me concedeu excelente dote; desta vez permanecerá comigo meu marido, porque lhe dei seis filhos" (v.20).

Observe como a compreensão de Lia em relação à vida havia aumentado. Depois que o seu primeiro filho nasceu, ela disse: "...O Senhor atendeu à minha aflição. Por isso, agora me amará meu marido" (GÊNESIS 29:32). Após o nascimento do seu terceiro filho, ela disse: "...Agora, desta vez, se unirá mais a mim meu marido..." (v.34). Agora, com o nascimento do sexto filho, as suas expectativas já se haviam reduzido. Ela estava se tornando mais realista sobre o que iria ou não acontecer em seu casamento.

O contentamento jamais chegará para um casamento sem amor, se nos apegarmos ao idealismo do amor romântico e perdermos de vista as boas dádivas que já recebemos de Deus. Lia se concentrou em Zebulom, como um "excelente dote" de Deus.

⁓❦⁓

Muitos anos se passaram desde aquela manhã quando Jacó acordou e descobriu que a noiva na sua tenda era Lia e não Raquel. Durante todos esses anos, Raquel desejou ter um filho, mais do que qualquer outra coisa no mundo. Depois de muitos anos de espera — com um placar de nove (incluindo a filha Diná) para Lia e somente dois para Raquel, por meio de sua serva — o clamor de Raquel por um filho foi ouvido por Deus e ela ficou grávida. Ela deu um filho, José, e o primeiro pedido que Raquel fez foi: "...Dê-me o Senhor ainda outro filho..." (v.24).

Deus ouviu a sua oração, mas com consequências que ela provavelmente não previa. Por esta época, Jacó tinha trabalhado para Labão por 20 anos. Um enganador estava tirando vantagem do outro. Por isso, Jacó decidiu voltar para Canaã, com a sua grande família — duas esposas, duas concubinas, onze filhos e uma filha.

Quando a família estava viajando em direção ao oeste, aconteceu o inacreditável. Raquel, no final da viagem e grávida de seu segundo filho, morreu no parto. O que ela mais queria do que qualquer outra coisa no mundo tornou-se a causa da separação definitiva do homem que a amava. A mulher que tinha todas as razões para ser feliz, morreu dando à luz a um filho a quem chamou de *Benoni*, que significa: "Filho da minha dor" (35:18).

É fácil olhar para uma mulher com uma beleza de tirar o fôlego e o amor eterno de seu marido e pensar que ela deveria ser a mais feliz dentre todas as mulheres. Mas veja o sofrimento de Raquel, ouça a sua queixa. Muitas vezes, as coisas não são o que aparentam ser.

Lia

E quanto a Lia? Ela era agora a esposa número um. Não sabemos se Jacó aprendeu a amá-la mais do que a amava no momento em que foi enganado por seu sogro, nem quantos anos mais viveram juntos. Sabemos somente que quando Lia morreu, Jacó a sepultou no túmulo de seus ancestrais, o sepulcro de Macpela, onde foram sepultados Abraão, Sara, Isaque e Rebeca. Jacó a honrou em sua morte.

No final do livro de Rute, depois que Boaz derrotou o parente mais próximo e ganhou Rute como esposa, os anciãos da cidade de Belém oraram, dizendo: "…Somos testemunhas; o SENHOR faça a esta mulher, que entra na tua casa, como a Raquel e como a Lia, que ambas edificaram a casa de Israel…" (RUTE 4:11).

Lia, que fora desprezada, tornou-se uma das ancestrais que edificaram a casa de Israel. Dos doze filhos de Jacó, que chegaram a ser os patriarcas das doze tribos de Israel, seis nasceram de Lia.

Da tristeza pessoal desta mulher vieram ricas bênçãos para Israel. Foi Lia quem deu à luz a Judá, de quem veio Davi, o maior rei de Israel, e de quem veio o Leão da tribo de Judá: nosso Senhor Jesus Cristo.

Lia, a irmã mais velha e pouco atrativa em relação a formosa Raquel, vivenciou uma situação muito difícil, mas sobreviveu. Assim como ela, nós também somos pessoas corrompidas em um mundo corrompido. Somos pessoas marcadas pela separação dos demais e de nós mesmas. A vida raramente, ou talvez nunca, é plenamente satisfatória. Na maioria das vezes, vem com uma conotação de insatisfação — o amor, o cuidado, a honra e a afeição são insuficientes. Talvez recebamos quase o suficiente, mas jamais o quanto gostaríamos.

Assim como Lia, podemos nos concentrar no que nos falta e sermos infelizes. Ou também como ela, podemos decidir centrar-nos no que temos e dispor a nossa mente para dizer: "Esta vez louvarei o Senhor."

Como pode você viver com um marido que não a ama? Mudando o centro da sua atenção. Nesse processo, terminaremos não só exclamando com Lia: "É a minha felicidade", mas um dia você descobrirá que Deus fez um milagre usando sua tristeza, e assim abençoando o mundo por seu intermédio.

Questões para reflexão pessoal ou grupo de estudo

1. Em sua opinião, quais são os elementos indispensáveis para um bom casamento?

2. Qual a importância do amor em um bom casamento?

3. Como você percebe a presença do amor em um casamento?

4. O que você pensa que uma mulher pode fazer ao sentir que o marido não a ama?

Reflexão pessoal

Raabe

COMO ESCOLHER DEUS EM MEIO À SUA CULTURA

IMAGINE QUE VOCÊ ESTÁ INDO de carro ao supermercado e se aproxima de um cruzamento com semáforo. Quando você se encontra a 30 metros do cruzamento, a luz fica amarela. Na próxima fração de segundo, que decisão você irá tomar?

Você irá pisar fundo no acelerador e passar pelo cruzamento com o semáforo ainda no amarelo ou, quem sabe, já no vermelho? Ou você freará para não se arriscar?

A decisão que você irá tomar nessa fração de segundo dependerá de alguns fatores. Primeiro, ela será influenciada por sua agenda. Você está atrasada, ou tem toda a manhã livre para fazer tranquilamente as compras no supermercado?

Outra coisa que afeta a sua decisão é como você se sente quanto a obedecer a lei em todo o tempo. Algumas de nós somos compulsivas quanto a isso. Para outras, trafegar à margem da lei é um desafio estimulante.

Um terceiro fator é a maneira como você se sente ao receber uma multa, tendo que se explicar ao policial e à família.

É óbvio que sua personalidade afetará a decisão que irá tomar. Se você é do tipo que não aguenta ficar parada em um semáforo na luz vermelha, provavelmente pisará fundo no acelerador e cruzará em alta velocidade.

Depois que fizer essa decisão, você terá outras à sua frente. Suponha que terminou suas comprar e agora você está no caixa do supermercado pagando a sua conta. O caixa, por engano, lhe dá de troco uma nota de dez em vez de uma de cinco reais. O que fará nos próximos segundos? Irá devolver o troco que recebeu a mais, ou irá embolsar os dez reais em sua carteira, sem dizer nada?

Mais uma vez a sua decisão dependerá de uma série de fatores. Quem sabe, naquele instante, vem à sua memória uma ocasião em que você fez compras nesse supermercado e depois descobriu que os produtos estavam estragados: a alface estava murcha, o melão sem sabor, as maçãs estavam podres e o requeijão teve que jogar fora porque estava vencido. Naqueles poucos segundos você pode concluir que está apenas se reembolsando do prejuízo que teve quando o mercado a enganou vendendo produtos de má qualidade. O que você pensa a respeito daquele supermercado, e o que crê a respeito da honestidade e da justiça, irá determinar o que você fará naquela fração de segundo, diante do caixa que lhe deu o troco errado.

Este não é um problema novo. As pessoas têm enfrentado escolhas como essas por milhares de anos. Desde que Eva decidiu-se por comer do fruto naquele jardim há muitos anos, as pessoas sempre tiveram que fazer decisões rápidas na vida. Tais decisões geralmente são feitas baseadas em nossas crenças a nosso próprio respeito, a respeito da sociedade e do universo. Existe um Deus? Se existe, como Ele influencia o que eu escolho fazer? O que creio a respeito dele, influencia as decisões que faço todos os dias?

Quando nos voltamos para o texto de Josué 2, encontramos uma mulher que fez uma decisão rápida que mudou a sua vida do começo ao fim. Seu nome era Raabe. Ela era adepta de uma das práticas mais antigas na terra, a prostituição. Ela já tinha feito algumas escolhas importantes quanto ao valor do seu corpo e de sua alma. Nessa passagem, ela está diante de outra escolha.

Todavia, para compreender essa decisão, precisamos retroceder 40 anos, quando o povo de Deus, as 12 tribos de Israel, era escravo no Egito. Sob a liderança de um notável trio familiar — Moisés, Arão e Miriã — Deus libertou o Seu povo. Porém, quando o povo se recusou a entrar na Terra Prometida, foram condenados a vagar por 40 anos na península do Sinai. Durante esse tempo, toda uma geração morreu, e a cena em Josué 2 se descortina com as 12 tribos acampadas no lado oriental do rio Jordão, prontas para começar a conquista de Canaã, sob a liderança de Josué, seu novo comandante.

A primeira cidade que os israelitas teriam que conquistar era Jericó, a Cidade das Palmeiras, que se encontrava num exuberante vale verde. Deus tinha prometido ao Seu povo uma terra que manava leite e mel, e esse vale correspondia perfeitamente a essa descrição, pois era fértil e bem regado, as frutas eram deliciosas e as colheitas abundantes.

Jericó em si era a mais potente das cidades fortificadas em Canaã. Os muros com cerca de sete metros de altura pareciam inexpugnáveis. Os arqueólogos nos contam que, na verdade, havia ali duas muralhas com um espaço entre elas. Se um inimigo conseguisse escalar o primeiro muro, ficaria preso neste espaço vazio, tornando-se um alvo fácil para os defensores. A cidade estava bem protegida.

Intercaladas, ao redor de toda a cidade, por cima dos espaços entre os muros, existiam casas sustentadas por fortes troncos. Numa dessas casas morava Raabe.

O relato da história dela começa em Josué 2:

> *De Sitim enviou Josué, filho de Num, dois homens, secretamente, como espias, dizendo: Andai e observai a terra e Jericó. Foram, pois, e entraram na casa de uma mulher prostituta, cujo nome era Raabe, e pousaram ali* (v.1).

Raabe

Esse é o cenário: preparativos dos israelitas para a guerra, espiões e questões de lealdade e patriotismo. De alguma forma, os espiões foram capazes de entrar na cidade de Jericó. Porém, como poderiam descobrir o que necessitavam sem serem vistos? Que lugar melhor para ir do que à casa de uma prostituta? Os comerciantes que visitavam a cidade, frequentemente perguntavam pela direção desses locais. Logo, não devemos ficar muito surpresos pelo fato dos dois espiões israelitas terem entrado na casa de Raabe, que era construída sobre a muralha.

Mas será que os espiões foram bem-sucedidos em evitar qualquer suspeita?

> *Então, se deu notícia ao rei de Jericó, dizendo: Eis que, esta noite, vieram aqui uns homens dos filhos de Israel para espiar a terra. Mandou, pois, o rei de Jericó dizer a Raabe: Faze sair os homens que vieram a ti e entraram na tua casa, porque vieram espiar toda a terra. A mulher, porém, havia tomado e escondido os dois homens; e disse: É verdade que os dois homens vieram a mim, porém eu não sabia donde eram. Havendo-se de fechar a porta, sendo já escuro, eles saíram; não sei para onde foram; ide após eles depressa, porque os alcançareis. Ela, porém, os fizera subir ao eirado e os escondera entre as canas do linho que havia disposto em ordem no eirado. Foram-se aqueles homens após os espias pelo caminho que dá aos vaus do Jordão; e, havendo saído os que iam após eles, fechou-se a porta* (JOSUÉ 2:2-7).

Os espiões tinham, evidentemente, despertado suspeitas em algumas pessoas e o rei logo ouviu sobre a presença deles na cidade. Ele enviou oficiais à casa de Raabe exigindo que os espiões fossem entregues à força policial de Jericó. Raabe teve que decidir em segundos. Será que ela optaria pelo patriotismo e os entregaria ao rei? Ou mentiria se tornando uma traidora por abrigar inimigos de seu povo?

Que tremenda decisão para alguém fazer. Raabe não dispunha de horas ou dias para pensar sobre o assunto ou consultar pessoas de confiança. Ela teve que tomar essa decisão rapidamente. Podemos saber, pelo texto, o que decidiu fazer: mentiu para as autoridades. Os espiões, pelo menos naquele momento, estavam seguros, escondidos sob os talos de linho no seu terraço. Os soldados que vieram bater a sua porta, acreditaram na sua história e saíram em busca dos espiões na estrada que leva ao vale do Jordão.

Pense sobre a decisão de Raabe. O que a convenceu de que seria melhor trair o seu povo e arriscar a própria vida, apenas para salvar dois homens que nunca tinha visto antes e que não sabia se os veria de novo?

À semelhança de muitas decisões momentâneas que fazemos, a decisão de Raabe mostrou quem ela era e o que acreditava sobre si mesma, sobre seu mundo e sobre Deus. O que ela cria lhe deu coragem para ir contra o seu povo e seu governo quando foi confrontada com aquela decisão súbita.

Acompanhe-me àquele terraço em cima do muro de Jericó. Ouça o que Raabe disse aos espiões, depois que os soldados desistiram de sua busca. Sente-se comigo sob as estrelas quando ela conversou com os dois homens de Israel. Sinta a brisa quente da primavera. Sinta o cheiro forte das flores no ar da noite. Veja o rio luzindo ao luar, ao leste, e a silhueta das montanhas ao oeste. Leia o que Raabe disse àqueles dois jovens homens.

Antes que os espias se deitassem, foi ela ter com eles ao eirado e lhes disse: Bem sei que o Senhor vos deu esta terra, e que o pavor que infundis caiu sobre nós, e que todos os moradores da terra estão desmaiados. Porque temos ouvido que o Senhor secou as águas do mar Vermelho diante de vós, quando saíeis do Egito; e também o que fizestes aos dois reis dos amorreus, Seom e Ogue, que estavam além do Jordão, os quais destruístes. Ouvindo isto, desmaiou-nos o coração, e em ninguém mais há ânimo algum, por causa da vossa presença; porque o Senhor, vosso Deus, é Deus em cima nos céus e embaixo na terra.

Raabe

Agora, pois, jurai-me, vos peço, pelo Senhor que, assim como usei de misericórdia para convosco, também dela usareis para com a casa de meu pai; e que me dareis um sinal certo de que conservareis a vida a meu pai e a minha mãe, como também a meus irmãos e a minhas irmãs, com tudo o que têm, e de que livrareis a nossa vida da morte (JOSUÉ 2:8-13).

Que fé fundamental fez com que Raabe decidisse esconder os espiões e trair sua cidade? Raabe decidiu apostar sua vida e seu futuro no Deus de Israel. Ela estava convencida, ao falar aos espiões, que o Deus deles era o "Deus em cima nos céus e embaixo na terra".

E essa é a única maneira pela qual você e eu podemos confrontar nossa cultura ou ir contra a sociedade ao nosso redor. Encontramos a coragem de fazê-lo somente quando estamos convencidas de que "o Senhor [nosso] Deus, é Deus em cima nos céus e embaixo na terra".

Eu realmente acredito que Deus é soberano, não somente acima no céu, mas também sobre a terra aqui embaixo? Estou convencida de que o meu futuro está nas mãos de Deus, que o Senhor realmente tem "o mundo todo em Suas mãos"? Posso ter certeza de que Suas mãos são boas mãos e que Ele fará que, no final, a justiça triunfe e o bem vença?

O poeta americano James Russell Lowell escreveu:

Apesar da causa do mal prosperar,
Ainda assim apenas a verdade é forte
A verdade, no cadafalso sempre podemos encontrar
E a falsidade, sempre no trono a reinar.
Mas é esse cadafalso que controla o futuro
E por trás do porvir inseguro,
Em pé nas sombras está nosso Deus
Cuidando sempre dos seus.

(Poema *The Present Crisis* [A crise atual], 1845)

"A verdade, no cadafalso sempre podemos encontrar. E a falsidade, sempre no trono a reinar." Às vezes parece que a maldade aqui prospera, não é mesmo? Olhamos o mundo ao nosso redor e observamos a injustiça triunfar. Vemos as pessoas boas perderem e as más ganharem. Vemos uma amiga íntima sofrer com um casamento desfeito, não porque ela foi uma esposa ruim, mas porque seu marido sucumbiu à sedução de outra mulher. Vemos um esposo honesto perder seu emprego ao mesmo tempo em que um colega desonesto é promovido. Certamente Deus é soberano nos céus, mas não parece que Ele é soberano aqui na terra. Será que Deus realmente continua em pé "Cuidando sempre dos seus"?

Acreditar que Lowell está certo ou errado, depende daquilo que você mais conhece a respeito de Deus.

Raabe conhecia o suficiente sobre Deus para crer que Ele usaria Seu grande poder a fim de beneficiar Seu povo. Ela sabia quão espessas eram as muralhas de Jericó, pois vivia sobre elas. Também sabia quão cruéis eram os soldados de sua cidade. Como prostituta provavelmente ouviu muitas vezes como eles se vangloriavam da sua força e das suas proezas quando a visitavam. Ela podia ver como Jericó era inexpugnável para qualquer invasor. Mas apesar de tudo isso, ela creu que o Deus de Israel iria triunfar e que os israelitas estavam do lado do Senhor. Ela creu nisso de maneira tão intensa que se dispôs a arriscar sua vida. Raabe ousou contrapor-se à sua sociedade porque tinha uma fé sólida no Deus de Israel.

※

Aprendemos algo mais sobre a fé de Raabe quando nos voltamos para o Novo Testamento. Para nossa surpresa, encontramos essa prostituta como exemplo de uma fé excepcional. Veja: "Pela fé, Raabe, a meretriz, não foi destruída com os desobedientes, porque acolheu com paz aos espias" (HEBREUS 11:31).

Raabe

Nessa galeria da fama, relacionada aos heróis da fé em Hebreus 11, encontramos apenas duas mulheres — Sara, a esposa de Abraão e a prostituta Raabe. Impressionante! Mas o escritor desta carta, não é o único que usou a fé de Raabe como exemplo. Veja também Tiago: "De igual modo, não foi também justificada por obras a meretriz Raabe, quando acolheu os emissários e os fez partir por outro caminho? Porque, assim como o corpo sem espírito é morto, assim também a fé sem obras é morta" (2:25,26). A fé daquela mulher não a levou apenas a fazer uma grande afirmação a respeito do Deus de Israel: "o SENHOR, vosso Deus, é Deus em cima nos céus e embaixo na terra". Também a encorajou a uma ação intrépida a favor do povo de Deus.

Certa vez, alguém disse: "A fé é um passo, não apenas uma afirmação." O que a fé de Raabe demonstrou? O autor de Hebreus afirma que o fato dela ter acolhido os espiões demonstrou a sua fé e Tiago realçou o mesmo ponto de vista: "Acolheu os emissários e os fez partir por outro caminho" — para longe dos soldados de Jericó. A fé levou Raabe a agir. Sua decisão de agir foi incrementada a partir da sua fé.

O que resultou disso? Ao depositar sua vida na verdade e obra do Deus de Israel, será que Raabe fez uma boa escolha? Vejamos.

Depois de enviar os soldados de Jericó para uma busca inútil fora da cidade, à noite no terraço, debaixo de um céu estrelado, ela teve aquela conversa maravilhosa com os dois espias. Confessou a sua fé no Deus de Israel e fez mais uma coisa: pediu que, em troca de salvar a vida dos espias, a vida de seus pais, irmãos e irmãs fossem poupadas quando Deus entregasse Jericó aos invasores.

Os espiões lhe asseguraram: "...A nossa vida responderá pela vossa..." (v.14). Com duas condições: ela não podia falar da missão deles às autoridades de Jericó e devia amarrar um cordão vermelho na janela de sua casa sobre o muro. Somente os que estivessem na casa no momento da conquista, seriam salvos. Os demais seriam destruídos.

Depois que eles concordaram com essas condições. Ela "...os fez descer por uma corda pela janela..." (v.15) e lhes disse que se escondessem nas montanhas até que os perseguidores retornassem a Jericó de mãos vazias. Depois, amarrou o cordão vermelho na janela e esperou. Esperou. E esperou!

Em Josué 3–5 lemos a história de uma grande nação atravessando a correnteza do rio Jordão em época de cheia e montando acampamento não muito distante de Jericó. Em seguida, todos os homens e meninos foram circuncidados e esperaram enquanto se recuperavam. Enquanto isso, Raabe esperava. Finalmente chegamos à passagem de Josué 6:1,2.

Ora, Jericó estava rigorosamente fechada por causa dos filhos de Israel; ninguém saía, nem entrava. Então, disse o SENHOR a Josué: Olha, entreguei na tua mão Jericó, o seu rei e os seus valentes.

E com isso, Deus deu a Josué um dos mais estranhos planos de batalha de que se tem notícia. Ele tinha que organizar uma marcha militar. Na frente estavam soldados armados, seguidos por sete sacerdotes carregando, cada um, uma trombeta de chifre de carneiro. Em seguida, estavam outros sacerdotes carregando a arca da aliança, seguidos por mais soldados armados. Os sete sacerdotes deveriam tocar as trombetas durante toda a marcha ao redor da cidade, mas os israelitas deveriam ficar em silêncio. A noite, uma vez que a marcha terminasse, todos retornariam ao acampamento. O povo se reuniu e marchou no primeiro dia, no segundo dia, no terceiro, no quarto, no quinto e novamente no sexto.

No sétimo dia os israelitas se posicionaram para marchar como de costume. Eles observaram os soldados armados, os sacerdotes com as trombetas e os sacerdotes carregando a arca se colocando na formação habitual. Todos estavam quietos. Essa foi a ordem recebida. Porém, suponho que, mesmo sem a ordem de Josué, muitos deles, de qualquer maneira, teriam permanecido em silêncio. Este foi o grande teste. Será que Deus cumpriria a Sua Palavra ou eles passariam por tolos, como pareceram durante toda a semana?

Raabe

Desta vez marcharam ao redor da cidade sete vezes, como Deus lhes instruíra. Marcharam ao redor dos muros, duas, três, quatro, cinco, seis, sete vezes. E, repentinamente, ao sinal de Josué, as trombetas soaram. O povo gritou. E as muralhas de Jericó ruíram. Aqueles muros maciços — com cerca de sete metros de altura — desmoronaram. Os soldados de Israel correram por sobre os escombros e travaram uma batalha contra os soldados de Jericó.

A destruição da cidade foi total. Ou quase. O que manteve-se de pé foi uma casa em uma parte dos muros. Da janela daquela casa, pendia um cordão vermelho. Em seu interior, pessoas se aglomeraram ao redor da janela, observando atônitos tudo o que ocorria.

Josué chamou os dois espias e lhes deu uma excelente tarefa: Vão à casa de Raabe, tirem todos de lá e os coloquem em segurança. "Então, entraram os jovens, os espias, e tiraram Raabe, e seu pai, e sua mãe, e seus irmãos, e tudo quanto tinha; tiraram também toda a sua parentela e os acamparam fora do arraial de Israel" (v.23)

Salvos! Raabe colocou sua vida nas mãos do Deus de Israel e o Senhor cumpriu Sua promessa e a salvou e a todos os que com ela estavam naquela casa em cima dos muros de Jericó.

Ainda há mais nessa história. Em Josué 6:25 o escritor nos conta que Raabe viveu entre os israelitas e tornou-se uma das integrantes do povo de Deus. O fato de ter sido uma prostituta já não era relevante. Pela fé, ela passou a fazer parte da comunidade do Senhor.

Uma das coisas extraordinárias que percebemos nos quatro evangelhos quando olhamos para a interação de Jesus com mulheres, é que Ele muitas vezes se inclinou e levantou "mulheres caídas". Você se lembra da mulher com um frasco de perfume em Lucas 7 e da mulher surpreendida em adultério, em João 8? Repetidamente vemos a compaixão de Jesus, estendendo a Sua mão para mulheres que quebraram as normas e viveram de forma que as pessoas "respeitáveis" as desprezavam.

Raabe nos lembra que ser incluída na família de Deus não tem nada a ver com nossa bondade, mas tem tudo a ver com a graça. Por meio de uma prostituta, o Senhor nos ensina que somos salvas pela *graça* e não por sermos boas.

Mas a história de Raabe ainda não terminou. Olhe em Mateus 1 — aquela genealogia árida e maçante — e veja o versículo 5: "Salmom gerou de Raabe a Boaz; este, de Rute, gerou a Obede; e Obede, a Jessé."

Raabe foi mãe de Boaz? Isto significa que ela foi a tataravó de Davi, o grande rei de Israel. Mais surpreendentemente ainda é ela ter sido uma ancestral na genealogia de Jesus — o Senhor da Glória, o Deus-Homem, o Salvador do mundo.

Raabe, a prostituta? Você não acha que Deus deveria ter sido um pouco mais exigente quanto à linhagem de Seu Filho? Será que o Senhor não deveria ter levado em consideração os escrúpulos das pessoas que pensam que a genealogia e parentesco é tudo, e ter escolhido uma linhagem mais pura para o Messias? Aparentemente, Deus queria que aprendêssemos algo mais ao olharmos para essa mulher.

Raabe é um tributo às possibilidades que estão dentro de cada uma de nós. Deus viu nela a possibilidade de uma fé ativa e revigorante. Não importa o que ela tenha sido — o Senhor viu o que ela poderia vir a ser.

Isto se aplica a nós. Nosso passado é irrelevante. O que importa para Deus é somente o nosso futuro. A fé pode florescer em qualquer ambiente. Rosas podem crescer em montes de esterco. O que quer que esteja atrás de nós, não é tão importante quanto aquilo que está à nossa frente. As escolhas que fizemos no passado nos trouxeram para onde estamos hoje. As escolhas que fazemos hoje, amanhã, na próxima semana ou no ano que vem, determinarão nosso destino.

Algumas dessas escolhas serão decisões rápidas. Elas serão consequência daquilo que somos e do que cremos a respeito de nós mesmas, do mundo e de Deus. Essas decisões vão determinar o comportamento que adotaremos.

Raabe

Raabe ouviu sobre o Deus de Israel e reagiu com fé ao que ouviu. Em fração de segundos ela tomou a decisão de se colocar do lado de Deus, salvando os dois espias. A sua fé lhe trouxe vida em meio à destruição. Trouxe-lhe a salvação de toda a sua família. Deu-lhe um lugar em Israel e o casamento com Salmom, que, conforme nos diz a tradição, foi um dos espias. Isso também lhe garantiu um lugar na genealogia do maior rei de Israel e um lugar na genealogia de nosso Salvador, Jesus Cristo.

O que ela foi no passado, era irrelevante. O que se tornou por meio da prática fé ativa era o que realmente importava.

A que fonte de ajuda você recorre quando tem que tomar decisões rápidas em sua vida? As suas decisões estão fundamentadas na fé num Deus amoroso e compassivo cuja mão está sobre você, para o seu bem? Seus atos mostram a sua fé e como você anda com Deus e com o Seu povo? Olhe para Raabe. Olhe para essa prostituta que se tornou o exemplo de uma fé vibrante para Israel e para nós, hoje.

Questões para reflexão pessoal ou grupo de estudo

1. Descreva algum momento de decisão que você tenha enfrentado.

2. Quais fatores a motivaram a fazer a decisão que fez?

3. Ao olhar para trás, você considera que essa decisão foi boa ou ruim? Por quê?

4. De que maneira sua decisão afetou a direção de sua vida?

Débora

COMO LIDERAR QUANDO DEUS A CHAMA PARA ISSO

*P*OUCAS HISTÓRIAS DESPERTAM minha imaginação e admiração como aquelas a respeito da vida de missionários que são chamados a fazer coisas extraordinárias para Deus. Dentre as proezas de grandes missionários do passado e do presente, uma das histórias mais incríveis é a daquela pequena mulher escocesa chamada Mary Slessor.

Sozinha, Mary adentrou as florestas de Calabar, uma região que conhecemos como Nigéria, na África Ocidental. Deus a havia chamado a levar Sua mensagem às tribos primitivas, onde nenhum missionário europeu ou americano jamais estivera antes. Sua história de vida é cheia de atos de coragem sobre-humana, simplesmente porque tinha certeza de ter sido chamada pelo Deus Todo-Poderoso.

Deixando um ministério frutífero entre os Efiks, ela iniciou contato com os Okoyongs, no coração da floresta tropical de Calabar. Uma noite, quando ouviu os tambores, ela foi até o pátio central da tribo onde todos estavam reunidos. Atravessando a multidão, encontrou homens com máscaras Egbo apertando as cordas que amarravam — às estacas espetadas no chão — uma apavorada menina de pernas e braços abertos. Por causa de uma suposta infração da lei Okoyong,

Débora

a garota que gritava havia sido sentenciada a ter óleo fervente derramado sobre sua barriga desnuda. Em *The Expendable Mary Slessor* (A dispensável Mary Slessor), o autor James Buchan descreve a cena:

O óleo fervia numa fogueira próxima e um homem mascarado estava derramando algumas conchas dele num pote. Era uma cena que teria intimidado a mais corajosa das pessoas: a roda de chefes sentados, os homens com máscaras grotescas no lampejo do fogo e das tochas, o riso, os guerreiros bêbados, os gritos, os tambores e a excitação sexual e expectativa da plateia. É possível que se Mary soubesse o que ia encontrar, tivesse pensado ser mais sábio manter-se à distância... Mas quando estava de pé dentro do círculo e os chefes a olhavam, não ocorreu a Mary voltar atrás... Ela avançou e se colocou entre o fogo e a garota. Que sequência cinematográfica teria sido. O silêncio enquanto todos encaravam a pequena mulher branca. Então a explosão de conversas da multidão sussurrando seu espanto... O homem mascarado começou a balançar a concha ao redor de sua cabeça e a saltitar em direção à Mary. Ela se manteve firme e o encarou. A concha assoviava cada vez mais próxima a sua cabeça. A multidão olhava calada. O homem Egbo desviava de um lado para o outro, seus olhos fitando-a fixamente através dos buracos da máscara. Ele tinha a opção de atingi-la com a concha, ou recuar. Mary o encarou. Ele recuou. Mary avançou em direção a ele, numa reta até onde Edem (o chefe) estava sentado, e o homem quase tropeçou para sair de seu caminho. Tal demonstração de poder vinda de uma simples mulher maravilhou a multidão. Jamais tinham visto algo assim antes... A punição da garota agora se transformara numa questão trivial, comparada àquela exibição de poder do Deus da mulher branca. Os chefes permitiram que Mary levasse a garota sob custódia, enquanto aguardava uma análise mais aprofundada de seu caso. Em poucos dias, do jeito típico dos Okoyong, a questão foi esquecida e a garota voltou discretamente para o seu marido.

Como alguém — mulher ou homem — poderia ousar se colocar contra um povoado inteiro? Buchan nos conta que Mary "nunca duvidou de estar vivendo na presença de Deus, e que Ele a estava guiando no trabalho especial para o qual a havia moldado." Mary Slessor foi capaz infiltrar-se até o interior da Nigéria e levar tribo após tribo a Jesus Cristo, porque sabia que Deus a havia chamado, lhe dado dons espirituais e a Sua presença para depender dele, enquanto realizava sua missão.

Para muitas de nós, a vida não requer a destemida coragem que Mary Slessor demonstrou diversas vezes durante uma vida inteira de trabalho em Calabar. Mas onde quer que Deus nos levar, lidaremos melhor com as demandas que nos forem feitas quando soubermos que somos chamadas e equipadas por Ele.

O que uma mulher deve fazer se perceber que está sendo chamada e preparada por Deus para liderar outros? Uma mulher no Antigo Testamento se viu nessa posição. Seu nome era Débora.

Débora, profetisa, mulher de Lapidote, julgava a Israel naquele tempo. Ela atendia debaixo da palmeira de Débora, entre Ramá e Betel, na região montanhosa de Efraim; e os filhos de Israel subiam a ela a juízo (JUÍZES 4:4,5).

Débora era uma profetisa. Essa é a primeira coisa que aprendemos sobre ela. Um profeta era alguém que transmitia as palavras de Deus. Sacerdotes falavam com Deus pelo povo. Profetas, falavam ao povo, por Deus.

Os profetas, basicamente, traziam dois tipos de mensagens. Algumas palavras eram *predições* — previsões de coisas que aconteceriam no futuro. Outras eram *profecias* — pregando sobre o pecado, a justiça e o julgamento que viria, de modo que o povo pudesse escolher estar

Débora

ao lado de Deus. Tanto os profetas do Antigo, quanto do Novo Testamento lembravam pregadores.

O apóstolo Paulo definiu a tarefa do profeta em 1 Coríntios 14:3: "Mas o que profetiza fala aos homens, edificando, exortando e consolando." E essa foi a tarefa que Deus deu a Débora — falar aos homens e mulheres de Israel fortalecendo-os, encorajando e consolando. O Senhor lhe deu conhecimento sobre o futuro e discernimento sobre as maneiras de comunicar isso aos israelitas de modo que pudessem compreender. Ela era uma profetisa.

A segunda coisa que vemos em Juízes 4:4,5 é que Débora era a esposa de Lapidote. Não sabemos nada sobre esse homem, além do fato de ele ter se casado com Débora. Entretanto, por causa disso, sabemos que Débora não era uma mulher solteira que podia dedicar sua vida inteira a ministrar para Deus. Ela era uma esposa, com as responsabilidades do lar e um marido para cuidar. Não era uma pessoa livre que pudesse ignorar as tarefas que tomam muito tempo e energia da maioria das mulheres.

Mas perceba a ordem do texto sagrado: primeiramente ela era conhecida como uma profetisa, depois como esposa. Ela tinha que equilibrar essas práticas, dia após dia. Deve ter lidado com conflitos em sua agenda. Mas era, antes de tudo, uma porta-voz de Deus. Entenda bem: não estou sugerindo que todas nós devemos correr e colocar o trabalho de Deus à frente de nossos lares e famílias. A maior parte de nós não recebeu o dom que Deus deu a Débora. Não temos o mesmo chamado. Mas também não podemos usar nosso lar e família como desculpa para evitar usar os dons de Deus onde quer que Ele nos coloque.

A terceira coisa a aprender no texto sobre Débora é que ela era a líder de Israel naquele tempo. Outras traduções a chamam de *juíza* de Israel.

O que isso significava? Nos antigos tempos patriarcais "homens capazes, de todo o Israel" eram escolhidos para servirem como juízes (ÊXODO 18:25,26). Quando as tribos de Israel se assentaram e se estabeleceram em Canaã, a maioria dos juízes eram, principalmente, líderes militares que chegaram ao poder em momentos de crise. Em certo sentido, eram mais generais do que juízes da forma como entendemos a palavra hoje. Mas juízes também eram líderes que subiram ao poder porque tinham sabedoria e capacidade de aplicar justiça na família, tribo ou nação. Eles governavam e protegiam o povo com criteriosas ações militares.

Quando olhamos para aquele período do Antigo Testamento, conhecido como o período dos Juízes, vemos Israel agindo como uma confederação de tribos autônomas, cuja ligação era seu ancestral Jacó, e que adoravam no tabernáculo em Siló. Israel mal era nação nesse tempo, cerca de 300 anos, que se estendeu desde a morte de Josué até a coroação de Saul como o seu primeiro rei.

Durante aqueles três séculos, um padrão se repetiu muitas vezes. Sem um governo central estável, cada uma das tribos cuidava de seus próprios negócios. Na verdade, o último versículo do livro de Juízes nos diz que "Naqueles dias, não havia rei em Israel; cada um fazia o que achava mais reto" (21:25). Era um período de anarquia. Era também um período de apostasia. Os israelitas absorveram muitos ritos pagãos de adoração de seus vizinhos. Sacrifício humano, ritual de prostituição e muitas outras práticas pagãs substituíram a adoração ao Deus Jeová. Como consequência, uma tribo e então outra foram conquistadas e escravizadas por poderes estrangeiros, ou forçadas a pagar tributos e taxas exorbitantes. Após anos de servidão, alguém da tribo clamaria a Deus, instituiria reformas e imploraria ao Senhor por livramento. Um juiz surgiria para organizar uma campanha militar para se livrar do opressor. Então, a tribo viveria em paz até que novamente o povo se afastasse para longe da lei de Deus.

Alguns juízes eram melhores do que outros. Se quiser passar uma tarde triste, leia o livro de Juízes. Encontrará os personagens de quem ouviu falar na escola bíblica — Gideão, Sansão (e Dalila), e, é claro, Débora. Também encontrará alguns outros personagens menos interessantes. Alguns foram melhores generais do que líderes. Mas quando

Débora

voltamos a Juízes 4, descobrimos que Débora combinava as melhores qualidades de um juiz do Antigo Testamento. Ela era ótima em estratégia militar e maravilhosa como juíza, tomando decisões sobre os problemas que as pessoas lhe traziam. Sabemos que ela era bem-sucedida em sua função, porque israelitas vinham de todas as partes para que ela decidisse sobre seus conflitos. Se não tivessem grande confiança em sua sabedoria, iriam procurar soluções para seus problemas em qualquer outro lugar.

A primeira vez que encontramos a boa esposa Débora profetizando e julgando as causas do povo de Deus, descobrimos a situação na qual ela se encontra:

> *Os filhos de Israel tornaram a fazer o que era mau perante o Senhor, depois de falecer Eúde. Entregou-os o Senhor nas mãos de Jabim, rei de Canaã, que reinava em Hazor. Sísera era o comandante do seu exército, o qual, então, habitava em Harosete-Hagoim. Clamaram os filhos de Israel ao Senhor, porquanto Jabim tinha novecentos carros de ferro e, por vinte anos, oprimia duramente os filhos de Israel* (JUÍZES 4:1-3).

Débora julgou Israel no início da utilização do ferro, quando os vizinhos cananeus tinham começado a derreter ferro antes que os israelitas aprendessem essa habilidade. Jabim foi um rei cananeu que oprimia os israelitas nessa época, e sua arma mais eficaz eram seus 900 carros de ferro que, por causa do peso do metal, eram mais ágeis em terreno plano. Cavalos poderiam puxar os carros com menos dificuldade em superfícies niveladas, mas não em região montanhosa.

Temos uma ideia ainda melhor de como a situação em Israel estava ruim naquela época no capítulo 5:

> *Nos dias de Sangar, filho de Anate, nos dias de Jael, cessaram as caravanas; e os viajantes tomavam desvios tortuosos. Ficaram desertas as aldeias em Israel, repousaram, até que eu, Débora,*

me levantei, levantei-me por mãe em Israel. Escolheram-se deuses novos; então, a guerra estava às portas; não se via escudo nem lança entre quarenta mil em Israel (vv.6-8).

A situação estava tão ruim na região norte de Israel, que as pessoas nem podiam usar as estradas. Tinham que se esgueirar por caminhos escondidos e trilhas clandestinas para ir de um povoado ao outro. A vida do povoado parou. Agricultores tinham que debulhar seus grãos secretamente à noite, em cavernas. Vida e propriedade não valiam nada. O povo era caçado como coelhos. Mulheres eram estupradas. Era uma opressão cruel e brutal que perdurou por 20 anos.

Enquanto isso, sob sua palmeira na região montanhosa de Efraim, entre Ramá e Betel, Débora dispensava justiça e sabedoria a todos que a procuravam. Durante seu trabalho, dia após dia, à medida que sentava-se e escutava, ela ficava sabendo das histórias da cruel opressão no norte. Não podia ignorar os sofrimentos de seus compatriotas. Então, um dia, quando já tinha escutado o suficiente, ela agiu.

*Mandou ela chamar a Baraque, filho de Abinoão, de Quedes de Naftali, e disse-lhe: Porventura, o S*ENHOR*, Deus de Israel, não deu ordem, dizendo: Vai, e leva gente ao monte Tabor, e toma contigo dez mil homens dos filhos de Naftali e dos filhos de Zebulom? E farei ir a ti para o ribeiro Quisom a Sísera, comandante do exército de Jabim, com os seus carros e as suas tropas; e o darei nas tuas mãos* (JUÍZES 4:6,7).

Débora mandou chamar Baraque e lhe deu suas ordens. Perceba que Baraque veio quando Débora mandou chamá-lo. Isso nos dá uma ideia do poder e influência que ela exercia em Israel. Perceba também que suas instruções começaram com as palavras, "o SENHOR, Deus de Israel" ordena. Este era seu trabalho como profetisa. Esta era uma mensagem de Deus para Baraque, não de Débora. Esse fato é importante para a compreensão do que se seguiu. Se essa mensagem fosse

Débora

apenas uma ideia do que Débora pensou que poderia funcionar, Baraque teria uma boa razão para argumentar. Mas era a palavra de *Deus* para ele.

Baraque responde dizendo: "Se fores comigo, irei; porém, se não fores comigo, não irei" (v.8).

Alguns pregadores e comentaristas têm descrito este comandante como fraco e covarde. Não é assim. Ele estava fazendo algo normal, natural, esperado. Não contestou as instruções de Deus. Apenas queria ter certeza de que a porta-voz do Senhor estaria ao seu alcance quando a batalha chegasse ao seu ápice e ele precisasse de instruções imediatas para a próxima tática.

Apesar de Baraque estar fazendo algo prudente, Débora, a profetisa, viu o medo e a relutância que ele sentiu, e acrescentou outra profecia: "Certamente," ela disse, "irei contigo, porém não será tua a honra da investida que empreendes; pois às mãos de uma mulher o Senhor entregará a Sísera. E saiu Débora e se foi com Baraque para Quedes" (v.9).

Gosto de Baraque. Quantos homens você conhece que teriam escutado uma mulher como Débora? A confiança que ele lhe tinha, nos diz muito a respeito dela. Também nos fala sobre um homem que não teve vergonha de seguir a liderança de uma mulher, quando acreditou que ela proferia as palavras de Deus.

O que aconteceu? No versículo 10 vemos que Baraque reuniu um exército de dez mil homens e, com Débora, se colocaram nas laterais do monte Tabor. Isso, por si só, era taticamente sensato. Os carros de ferro precisavam ficar no plano. Enquanto o exército de Baraque permanecesse nas encostas da montanha, estaria relativamente a salvo.

Enquanto isso, Sísera reuniu seu enorme exército na planície entre o ribeiro Quisom e a cidade de Harosete-Hagoim (vv.12,13). Com os exércitos posicionados, ficou claro que Baraque e seu bando de homens desorganizados e mal equipados não eram páreo, humanamente falando, para a máquina militar de Sísera em terreno plano. Qualquer um que olhasse para aqueles dois exércitos se enfrentando naquele dia, teria lamentado a sorte dos israelitas e ido embora para não assistir à carnificina. Mas esse ponto de vista, não leva em conta um personagem crucial neste drama: Deus. Quando Débora falou com Baraque, era o Senhor quem ela estava citando com a promessa de que Sísera seria atraído para o ribeiro de Quisom e que perderia a batalha para a tropa de Baraque (v.7).

***

As coisas raramente são o que parecem a partir de nossa perspectiva humana. Para Baraque aquele dia, na encosta do monte Tabor, a batalha deve ter parecido terrivelmente desigual. *Desesperadora* poderia ser a palavra mais adequada. Ele pode ter tido algumas dúvidas enquanto estava lá. Mas a porta-voz de Deus estava ao seu lado. Não importa o que tenha sentido naquela encosta naquele dia: ele teve fé. Sabemos isso por Hebreus 11:32, onde o encontramos listado no *hall da fama da fé*. Sua fé prevaleceu nos momentos seguintes. Leia o que aconteceu:

> *Então, disse Débora a Baraque: Dispõe-te, porque este é o dia em que o Senhor entregou a Sísera nas tuas mãos; porventura, o Senhor não saiu adiante de ti? Baraque, pois, desceu do monte Tabor, e dez mil homens, após ele. E o Senhor derrotou a Sísera, e todos os seus carros, e a todo o seu exército a fio de espada, diante de Baraque; e Sísera saltou do carro e fugiu a pé. Mas Baraque perseguiu os carros e os exércitos até Harosete-Hagoim; e todo o exército de Sísera caiu a fio de espada, sem escapar nem sequer um* (JUÍZES 4:14-16).

"Vá!", gritou Débora e Baraque, pela fé, *foi*. Talvez tremendo. Quem sabe, com os joelhos fracos. Mas ele foi. E Deus fez o restante.

Você percebeu que enquanto Baraque avançava pela fé, foi o *Senhor* quem derrotou Sísera, todos os seus carros e exército? De que maneira Deus fez isso?

Débora

Temos alguma ajuda para entender a intervenção de Deus quando lemos a canção da vitória de Débora.

*Saindo tu, ó S*ENHOR*, de Seir, marchando desde o campo de Edom, a terra estremeceu; os céus gotejaram, sim, até as nuvens gotejaram águas* (JUÍZES 5:4).

O historiador Flávio Josefo relata que enquanto Sísera e seu exército marchavam para o leste, para enfrentar os israelitas na encosta do monte Tabor, uma tempestade de granizo atingiu em cheio os soldados cananeus no rosto, cegando os arqueiros e condutores dos carros, e os cavalos. Se Sísera encarou granizo ou chuva, foi Deus que desencadeou os poderes dos céus.

Vieram reis e pelejaram; pelejaram os reis de Canaã em Taanaque, junto às águas de Megido; porém não levaram nenhum despojo de prata. Desde os céus pelejaram as estrelas contra Sísera, desde a sua órbita o fizeram. O ribeiro Quisom os arrastou, Quisom, o ribeiro das batalhas. Avante, ó minha alma, firme! (vv.19-21).

As chuvas desceram e vieram as enchentes. Quando o terreno plano se transformou num charco lamacento, as rodas dos carros de ferro afundaram na lama e rapidamente ficaram presas. Sísera e seu exército precisaram abandonar seus poderosos carros de guerra e seguir a pé. Ao mesmo tempo, o ribeiro Quisom, normalmente um córrego, inundou numa poderosa corrente e varreu muitos soldados cananeus para longe. Observe o ritmo poético do cântico de Débora:

O ribeiro Quisom os arrastou,
Quisom, o ribeiro das batalhas.
Avante, ó minha alma, firme!

Amo o último verso. Quando vemos o que Deus faz com o insignificante, tomamos coragem. Marchamos em frente porque somos fortes na força do Senhor nosso Deus. O ribeiro Quisom — que raramente parecia um rio, normalmente era apenas um leito seco — pode encher, inundar e varrer um exército para longe, arruinado.

Quando Deus está na marcha, as estrelas lutam ao Seu lado. Os céus fazem Sua vontade. Todas as forças da natureza estão sob Seu controle. Não é à toa que podemos ir avante e firmes!

Naquele dia, mais dois acontecimentos juntaram esforço humano e trabalho divino. Observe o primeiro: "Assim, Deus, naquele dia, humilhou a Jabim, rei de Canaã, diante dos filhos de Israel. E cada vez mais a mão dos filhos de Israel prevalecia contra Jabim, rei de Canaã, até que o exterminaram" (JUÍZES 4:23,24).

Deus deu a motivação por intermédio de Débora. O Senhor concedeu ajuda sobrenatural por meio da natureza. Contudo, Baraque ainda tinha uma tarefa a realizar, terminar o trabalho. Ele poderia ter sentado numa pedra sob uma árvore no monte Tabor e dito: "Deus, o senhor está fazendo um ótimo trabalho, por favor, não vou atrapalhá-lo." Mas não o fez. Baraque fez o que precisava e no final, Jabim e seu poder opressivo foram destruídos.

O segundo acontecimento a observar naquele dia não é para os fracos. Lembre-se de que em Juízes 4:9, Débora disse a Baraque que ele não teria a honra de matar o cruel Sísera. Aquela honra seria de uma mulher. A maneira que isso aconteceu não é bonita (JUÍZES 4:17-22).

Sísera, extremamente cansado de fugir do campo de batalha, foi até a tenda da família nômade de Héber, o queneu, e Jael, a esposa de Héber, convidou Sísera a entrar para descansar. Ele disse que tinha sede e pediu água. Ela lhe ofereceu leite, que era bem mais nutritivo do que água. Ela o cobriu com uma manta e prometeu mentir sobre sua estada se alguém viesse procurá-lo. Mas quando ele estava dormindo, ela pegou um martelo e uma estaca da tenda e cravou nele, de uma têmpora a outra, pregando sua cabeça no chão. Há uma versão bíblica em inglês que é mais descritiva, e detalha como o cérebro de Sísera escorreu pelo chão e como seus membros se contorceram enquanto ele morria.

Às vezes, tenho certas reservas quanto a história de Jael matando Sísera. Pois primeiro, ela violou a lei de hospitalidade do Oriente Médio. E segundo, ela o fez de forma cruel. Mas quando penso em Jael, percebo que ela fez o que devia ser feito com o que, provavelmente, eram os únicos instrumentos que tinha em mãos. Martelo e estacas para tendas eram equipamentos típicos numa família nômade.

A crueldade de Sísera era lendária. Se tivesse sobrevivido, teria encontrado novas formas de aterrorizar pessoas inocentes. E se fosse o marido de Jael, Héber, a matar Sísera, talvez não levássemos isso tão em conta. O Antigo Testamento registra inúmeras histórias de homens tornando-se facilmente violentos. Mas uma mulher? Com uma estaca de tenda e um martelo?

A tradição rabínica nos conta que a filha de Jael foi cruelmente estuprada por Sísera e alguns de seus companheiros. Não temos uma confirmação bíblica sobre isso. Porém, se os rabinos estão na pista certa, Jael estava repleta de motivação pessoal para matar o homem que havia violentado sua filha.

O que sabemos é que a palavra profética de Deus por intermédio de Débora foi realizada. Sísera encontrou seu fim pelas mãos de uma mulher. Em seu cântico, Débora diz:

Bendita seja sobre as mulheres Jael, mulher de Héber, o queneu; bendita seja sobre as mulheres que vivem em tendas (5:24).

Muito abençoada é Jael por fazer o trabalho de Deus, destruindo um homem maligno.

A história de Débora termina em Juízes 5:31, ali ficamos sabendo que após essa batalha "a terra ficou em paz quarenta anos." O presente de Deus para Israel numa hora de terrível necessidade foi manifesto no corpo, mente e coração de uma mulher.

Débora derruba alguns de nossos estereótipos sobre o que deveria ser liderança. Ela tinha o dom espiritual da profecia e o usou para liderar o povo de Deus. Tinha o dom natural da sabedoria, e talvez o dom espiritual da sabedoria também, para julgar prudentemente o povo de Deus. Ela era a porta-voz do Senhor, a quem generais, assim como plebeus, ouviam. Era uma líder vigorosa, cuja palavra comandava o mais forte da sua terra. Seu poder e influência eram tais, que se não fossem equilibrados por sua justiça, ela poderia ter se tornado uma déspota. Mas não foi o que aconteceu.

Uma humildade maravilhosa envolvia o uso que Débora fazia de seus dons, seu poder e sua influência. Observe com que frequência a humildade se expressa pelos detalhes de sua vida. Ela tinha a palavra vinda de Deus a respeito de como a batalha terminaria. Poderia ter empunhado uma espada e marchado à frente do exército israelita. Mas se manteve de lado e entregou a tarefa a Baraque. Assim, garantiu que ele soubesse que seria Deus quem lhe daria a vitória. Ela não buscou nenhum crédito por uma brilhante estratégia militar.

Nos versos iniciais do cântico de Débora, ela louva a Deus pelo povo em Israel que estava disposto a assumir a liderança e se oferecer para o trabalho do Senhor (JUÍZES 5:2). Claramente, ela não se importava com quem levaria o crédito. Não se importava em ser a melhor.

No centro do uso de seus dons, poder e influência, estava sua inabalável fé no Senhor, o Deus de Israel. Em Juízes 5, seu cântico borbulha com sua confiança em Deus. Ela viu claramente as limitações de seus compatriotas. Não estava feliz com as tribos que não se esforçavam para ajudar a derrubar o poder de Jabim. Mas, se por um lado viu as fraquezas do povo com quem tinha que trabalhar, foi além e enxergou o poder e o cuidado de Deus.

Foi essa confiança inabalável em Deus que capacitou Débora a usar tudo aquilo que Ele havia lhe dado ao exercer sua liderança. Ela sabia que *Deus* lhe dera dons e que *Ele* a havia chamado a usá-los pelo bem de Seu povo. Conhecia, pela história de Israel, que Deus se deleitava em usar as coisas fracas do mundo para humilhar os fortes (1 CORÍNTIOS 1:27). Ela tinha certeza de que se Deus é por nós, ninguém pode ser contra nós (ROMANOS 8:31). Ela *sabia*. Tinha confiança, a mesma confiança que concedeu nervos de aço a uma pequena mulher escocesa chamada Mary Slessor.

O que uma mulher que recebe dons de Deus — que talvez a coloquem em posição de liderança — deve fazer? O que Débora fez, ou seja, usar esses dons. Mas mantenha-os levemente com a mão aberta, como presentes de Deus para você, ou seja, não busque os holofotes. Significa não insistir em levar o crédito pelo que faz. Quer dizer permitir ao Único que é o doador de todos os melhores dons que lhe coloque em um lugar para servir. Que seja Deus a louvá-la por seu serviço. Significa permitir que Ele envergonhe o forte ao usá-la em toda a sua fraqueza. Ele é o Único que exalta e abate.

O que deve fazer a mulher que não possui dons como o de Débora? Não há uma mulher na igreja que não tenha uma esfera de influência. Pode ser um pequeno círculo de amigos, uma classe de estudo bíblico, ou um lugar num grupo de apoio. Onde quer que Deus coloque cada uma de nós, o que quer que Ele ponha em nossas mãos para fazer, as regras são as mesmas: Devemos usar Seus dons para executar nossa tarefa. É nossa escolha realizar ou não nosso chamado usando tudo o que Deus tem nos concedido para Sua glória. Não buscamos os holofotes, nem insistimos em levar o crédito pelo que fazemos. Permitimos que o Doador de todos os melhores dons nos coloque em um lugar para servir. Assim, deixamos que *Ele* nos elogie pelo nosso trabalho. Deixamos que *Ele* confunda o poderoso ao nos usar, em toda a nossa fraqueza. Ele é o Único que exalta e abate.

Questões para reflexão pessoal ou grupo de estudo

1. Como você se sente em relação às mulheres em posições de liderança na igreja ou na vida pública?

2. De que maneira uma mulher que tem dons de liderança deveria usar suas habilidades?

3. Como a parábola dos talentos, contada por Jesus em Mateus 25:14-30, se aplica a mulheres com dons de liderança?

4. Que qualidades ou espírito devem caracterizar mulheres no uso de seus dons espirituais para Cristo e Seu reino?

Reflexão pessoal

Rute

COMO VER DEUS NO COTIDIANO

VOCÊ GOSTA DE LER? É minha maior alegria e, algumas vezes, meu pecado constante. Posso me perder num bom livro, quando deveria estar fazendo outras coisas. A maioria de nós gosta de ler sabendo que uma boa história pode nos tirar da enfadonha mesmice de nossa vida, e nos transportar para dentro da tensão e do drama da experiência de outra pessoa.

Tenho uma segunda pergunta: Alguma vez já deu uma espiada no final do livro antes de chegar lá? Se você está lendo uma história policial e é hora de fazer o jantar, pode achar que não consegue esperar para descobrir "quem é o culpado." Então, olha. Ou se é um grande romance e você não aguenta a ideia de que a garota errada fique com o mocinho, pode dar uma olhada na última página para ver quem acaba nos braços dele.

Se alguma vez já sentou para ler o pequeno livro de Rute, no Antigo Testamento, ficou tentada a dar uma espiada para ver como termina a história? Se o fez, provavelmente ficou desapontada. Os versículos finais de Rute, o *ápice* de toda história, são tudo menos o *máximo*. O que encontramos lá é uma genealogia: "Perez gerou a Esrom, Esrom gerou a Rão, Rão gerou a Aminadabe, Aminadabe gerou a Naassom,

Rute

Naassom gerou a Salmom," e por aí vai (RUTE 4:18-22). Pode imaginar fim mais maçante para uma história? Um autor teria que ser muito criativo para escrever algo mais entediante e frustrante do que isso.

Ainda assim, quando olhamos para todo o livro de Rute, descobrimos um bom contador de histórias trabalhando. Por toda a narrativa, o autor deixa pistas de coisas que estão por vir — dicas que nos aproximam, que nos mantêm cientes de que o enredo está tomando forma. Elas poderiam acabar de diversas maneiras diferentes. Então, por que o escritor quer estragar uma boa história com um final ruim?

Para compreender que esses versículos entediantes ao final do livro *são* realmente o *ápice* — e um final impressionante — precisamos voltar e olhar o restante da história. Então, subitamente, uma genealogia maçante ganha vida e faz sentido.

A história de Rute pode ser lida como uma peça em quatro atos. Os cinco personagens principais são três mulheres e dois homens — Noemi, Rute e Orfa, Boaz e o parente mais próximo. E o diretor do drama é Deus.

Quando a cortina se abre no primeiro ato, vemos uma senhora amarga no centro do palco. Ela deixa claro que o diretor não sabe o que está fazendo. Mas isso aparece mais à frente na história. Ela começa com a descrição da cena:

> *Nos dias em que julgavam os juízes, houve fome na terra; e um homem de Belém de Judá saiu a habitar na terra de Moabe, com sua mulher e seus dois filhos. Este homem se chamava Elimeleque, e sua mulher, Noemi; os filhos se chamavam Malom e Quiliom, efrateus, de Belém de Judá; vieram à terra de Moabe e ficaram ali.*

> *Morreu Elimeleque, marido de Noemi; e ficou ela com seus dois filhos, os quais casaram com mulheres moabitas; era o nome de uma Orfa, e o nome da outra, Rute; e ficaram ali quase dez anos. Morreram também ambos, Malom e Quiliom, ficando, assim, a mulher desamparada de seus dois filhos e de seu marido* (RUTE 1:1-5).

O cenário é o tempo dos juízes. Esse período da história de Israel foi de bárbara opressão e derramamento de sangue. Entre invasões violentas, guerras civis tribais e anarquia sem controle, os judeus tiveram que enfrentar problemas constantes. Agora um tempo de fome era somado à sua desgraça. Em Belém — que quer dizer a Casa do Pão — não havia pão. Então, Elimeleque escolheu levar sua família para a terra de Moabe.

Se por um lado, a viagem a Moabe não era longa, — não muito mais que 50 km a leste de Belém — na Bíblia, a distância, como observou o escritor H.V. Morton, com frequência não é medida em quilômetros ou milhas, mas em afastamento de Deus. Moabitas adoravam ao deus Quemos, não a Jeová. Elimeleque e sua família trocaram o conhecido pelo desconhecido.

Enquanto vivia em Moabe, primeiro a família enfrentou a perda do pai, Elimeleque. Então os filhos, que haviam se casado com mulheres moabitas, também morreram. Assim, a peça começa com três viúvas numa situação triste e desesperadora. Noemi, no centro do palco, ouviu que Belém é novamente, de verdade, a Casa do Pão. A fome havia passado. A comida é farta em Judá.

Quando Noemi e suas duas noras saem do lugar onde estiveram; e caminham, de volta para a terra de Judá (RUTE 1:7), o diálogo de nossa peça começa:

> *Disse-lhes Noemi: Ide, voltai cada uma à casa de sua mãe; e o SENHOR use convosco de benevolência, como vós usastes com*

os que morreram e comigo. O SENHOR vos dê que sejais felizes, cada uma em casa de seu marido (1:8,9).

Noemi sabia que Orfa e Rute iriam enfrentar um futuro desolador e incerto se voltassem com ela para Belém. As duas jovens deveriam permanecer em Moabe. Ela as beijou —sinal de liberação de qualquer obrigação com ela. Haviam ficado voluntariamente com Noemi após a morte de seus maridos, mas agora não podiam perder sua própria felicidade apenas para cuidar da sogra. Desesperada, sem poder fazer qualquer coisa pelas noras, Noemi orou para que Deus as sustentasse e lhes desse maridos que cuidassem delas.

Mas observe o que Orfa e Rute responderam: "Iremos contigo ao teu povo." Quer tenha sido por lealdade aos maridos mortos quer por amor à sogra, Rute e Orfa seguiriam para Belém. Contudo, Noemi tentou novamente:

Voltai, minhas filhas! Por que iríeis comigo? Tenho eu ainda no ventre filhos, para que vos sejam por maridos? Tornai, filhas minhas! Ide-vos embora, porque sou velha demais para ter marido. Ainda quando eu dissesse: tenho esperança ou ainda que esta noite tivesse marido e houvesse filhos, esperá-los-íeis até que viessem a ser grandes? Abster-vos-íeis de tomardes marido? Não, filhas minhas! Porque, por vossa causa, a mim me amarga o ter o SENHOR descarregado contra mim a sua mão (1:11-13).

Qual o tom do argumento de Noemi para Orfa e Rute? Não é apenas mais um esforço de persuadi-las a não permanecer com ela. É também um lamento, acusando Deus de arruinar a sua vida. Este lamento afirma o envolvimento direto de Deus em sua existência e Sua responsabilidade pela situação dela. Basicamente Noemi disse a Orfa e Rute que, se Deus a estava castigando, permanecer em sua companhia seria buscar o desastre.

O segundo esforço de persuadi-las foi eficaz para Orfa, que beijou a sogra e voltou para Moabe. Mas Rute ainda não estava convencida. Nos versículos seguintes lemos sobre sua inabalável decisão de permanecer com Noemi:

Não me instes para que te deixe e me obrigue a não seguir-te; porque, aonde quer que fores, irei eu e, onde quer que pousares, ali pousarei eu; o teu povo é o meu povo, o teu Deus é o meu Deus. Onde quer que morreres, morrerei eu e aí serei sepultada; faça-me o Senhor o que bem lhe aprouver, se outra coisa que não seja a morte me separar de ti (1:16,17).

Com isso, Noemi desistiu de tentar falar com Rute sobre voltar a Moabe.

Podemos culpar Orfa por voltar para Moabe? De jeito algum. Orfa agiu como era esperado. Foi Rute quem fez o inesperado. Entendemos a racionalidade da decisão de Orfa. Não compreendemos a inacreditável lealdade que Rute expressou. Ela demonstrou o que os hebreus chamavam de *hesed*.

Hesed é uma palavra hebraica que podemos traduzir como "amor leal." É um amor que vai muito além do esperado. Os homens valentes de Davi, cem anos depois disso, demonstraram *hesed* por seu amado líder, quando deixaram o deserto e lutaram a caminho de Belém para trazer um copo de água do poço da cidade para ele. Deus nos mostra *hesed* ao sacrificar Seu próprio Filho para nos redimir, para nos comprar do pecado. E Rute foi um brilhante exemplo de *hesed* quando estava numa encruzilhada entre a conhecida Moabe e a desconhecida Judá.

Seu amor leal fez a escolha — pelo povo e pelo Deus de Noemi. Como viúvas, ela e Noemi enfrentaram uma vida de dificuldades, e agora, escolhendo a lealdade à sogra e ao seu Deus, estava disposta a encarar isso numa cultura estrangeira. Talvez tenha desejado ter uma bola de cristal enquanto estava de pé naquela estrada poeirenta. Teria sido bom ver antecipadamente o resultado de sua decisão. Mas ela não tinha qualquer certeza. Mesmo assim, optou por Deus e por Noemi, sem nenhuma garantia.

Noemi e Rute seguiram viagem juntas e, quando chegaram a Belém "toda a cidade se comoveu" (1:19). Mais de dez anos tinham se passado desde que Noemi e sua família tinham deixado Belém. "Não é esta Noemi?", as mulheres questionam.

De repente, ouvindo o seu nome ser dito, Noemi se lembrou da ironia daquele nome. Noemi significa "agradável" ou "adorável."

> *"Agradável?", indagou ela. "...é mais próprio que meu nome seja Mara, Amarga." Conforme Noemi continuou a falar, sua ira com Deus foi manifesta mais uma vez. "Parti destas terras com as mãos cheias, e o SENHOR me traz de volta de mãos vazias!..."* (1:20,21 KJA).

Ao longo deste primeiro ato, ouvimos Noemi falar sobre Deus. Ela tinha consciência de Seu agir no universo e em sua vida. Mas enquanto falava do Senhor, vemos que ela o menosprezava e desprezava a vida. Declarou que saiu *ditosa* de Judá. Mas ela foi mesmo? A fome, foi o que levou sua família a imigrar para Moabe. Eles estavam infelizes. A vida estava difícil, ou não teriam saído de Belém.

Noemi também declarou que Deus a trouxera de volta *pobre*. Mas Ele trouxe? Era verdade que ela perdera o marido e os dois filhos. Mas em seu lugar, Deus havia lhe dado a inacreditável devoção de Rute, que se comprometeu a ficar com ela até a morte.

Essa senhora também menosprezou sua situação ao menosprezar Deus. Concentrou-se no negativo e se tornou amarga. Ao se autodenominar *Mara* (amarga), olhava para Deus e para a vida através de uma janela suja.

Como Noemi, podemos ser religiosas. Podemos falar sobre Deus e lhe fazer orações. Porém, se o menosprezarmos e a Sua ação em nossa vida, facilmente depreciaremos tudo o que se relaciona a nós.

Quando terminam o primeiro ato e capítulo, a cortina lentamente se fecha com as duas mulheres: a leal Rute e a amarga Noemi. As últimas palavras do último versículo deste capítulo nos dão uma pista do que está para acontecer no próximo ato. Rute e Noemi chegaram a Belém no início da colheita de cevada. O que isto prenunciava para duas pobres viúvas recém-chegadas à cidade?

Quando a cortina se abre no segundo ato, descobrimos que Noemi tinha um parente na cidade que era rico e influente, "senhor de muitos bens, da família de Elimeleque, o qual se chamava Boaz" (2:1). Enquanto isso, Noemi e Rute precisavam de comida, então Rute decidiu rebuscar — quer dizer, seguir os ceifeiros durante a colheita para pegar no chão qualquer grão que fosse deixado para trás. Nesse ato, Rute passa para o centro do palco.

Em Rute 2:3 lemos que "…por casualidade entrou na parte que pertencia a Boaz…". Essa declaração faz parecer que tudo o que se seguiu foi totalmente acidental. Mas o autor está, na verdade, insinuando um motivo para esse acontecimento "do acaso". Por trás do que parece ser sorte humana, repousa o propósito divino. Mesmo nos "acasos" da vida, a mão de Deus está agindo por nós.

Agora, observe o versículo 4: "Eis que Boaz veio de Belém e disse aos segadores…".

Surpresa! Mais uma "coincidência"! O parente rico e influente de Noemi era o dono do campo e apareceu na cena enquanto Rute estava lá!

Notando a moça, ele perguntou quem era e soube que era de Moabe e que tinha vindo para Belém com Noemi. Agora chegou o momento da verdade. O "acaso" havia colocado Rute e Boaz juntos no mesmo campo. O que Boaz faria?

Rute

Depois de uma rápida conversa com seu capataz, Boaz deu a Rute o *status* de "respigadora mais favorecida" em seus campos. Seguindo cuidadosamente suas instruções, Rute estaria protegida dos jovens que poderiam incomodá-la. Ela também poderia apanhar muito mais grãos do que normalmente recolheria.

Boaz não apenas tornou mais fácil o rebuscar de Rute, como também a convidou para comer com seus ceifeiros e garantiu que tivesse uma refeição adequada. Ao final de seu primeiro dia, ela voltou para Noemi com um xale cheio de grãos peneirados. A Bíblia nos conta que ela levou para casa um efa de cevada — cerca de 22 kg de grãos. O sucesso de Rute em seu primeiro dia de respiga excedeu, em muito, as expectativas que tinha quando saiu pela manhã.

O que aconteceu quando voltou para encontrar Noemi naquela noite? É claro que a mulher mais idosa queria um relato completo de tudo o que havia acontecido durante o dia. Um xale tão grande e cheio de grãos significava que tinha recolhido num bom lugar. Onde fora? Nos campos de quem rebuscou?

Observe a reação de Noemi quando Rute respondeu suas perguntas. Ao ouvir sobre Boaz, Noemi exclamou: "Bendito seja ele do Senhor! […] Esse homem é nosso parente chegado e um dentre os nossos resgatadores" (2:20).

O que isso significa? Por que é importante? Quando a cortina se fecha lentamente no fim do segundo ato, a declaração de Noemi sobre resgatadores nos informa que essa peça não acabou.

O terceiro ato se torna o momento decisivo da peça. Deus forneceu comida para as duas viúvas. Porém, essa é apenas uma solução imediata de suas necessidades. Rute precisa de um marido. Noemi precisa de um neto para preservar sua herança e continuar o nome da família. Quando a colheita da cevada e do trigo acaba, Noemi prepara um esquema ousado, impetuoso e um pouco perigoso para Rute. Leia o seu plano:

Disse-lhe Noemi, sua sogra: Minha filha, não hei de eu buscar-te um lar, para que sejas feliz? Ora, pois, não é Boaz, na companhia de cujas servas estiveste, um dos nossos parentes? Eis que esta noite alimpará a cevada na eira. Banha-te, e unge-te, e põe os teus melhores vestidos, e desce à eira; porém não te dês a conhecer ao homem, até que tenha acabado de comer e beber. Quando ele repousar, notarás o lugar em que se deita; então, chegarás, e lhe descobrirás os pés, e te deitarás; ele te dirá o que deves fazer (RUTE 3:1-4).

Assim, Noemi começa a responder a própria oração que fez por Rute anteriormente, em Rute 1:9: "O SENHOR vos dê que sejais felizes, cada uma em casa de seu marido." De certa forma, Noemi nos exemplifica a forma como Deus age por intermédio das ações humanas. Não devemos esperar passivamente que as situações ocorram. Quando uma oportunidade se apresenta, talvez precisemos tomar a iniciativa. Noemi fez exatamente isso. Mas também reconhecemos que no plano de Noemi existe um verdadeiro risco para Rute.

Boaz e Rute estarão num lugar marcado, onde poderão conversar em particular. Nos tempos do Antigo Testamento, os locais de debulha eram associados à libertinagem. Noemi estava apostando no caráter de Boaz, e que ele não se aproveitaria de Rute. Ela pediu à nora que se colocasse numa situação incerta e comprometedora, com muita coisa pesando na balança.

O que *estava* pesando na balança? Foi pedido a Rute que seduzisse Boaz no local da debulha?

A lei do levirato determinava que se um homem morresse sem deixar herdeiros, seu irmão deveria casar-se com a viúva. O primeiro filho a nascer se tornaria o herdeiro legal do marido falecido e daria continuidade ao seu nome, herdando suas propriedades. Se não houvesse irmão disponível para casar-se com a viúva, ela poderia pedir a um parente chegado que o fizesse. Aqui vemos Rute, a pedido de Noemi, usando um antigo e estranho costume para propor casamento à Boaz. Ela pediu total proteção a ele.

Por diversas razões, sempre me senti alegre por ter nascido mulher. Um motivo é que, como mulher em nossa sociedade, nunca precisei me arriscar a pedir um homem em casamento e ser rejeitada! No entanto, Rute viveu num lugar e época diferentes. Precisava correr o risco.

Ela não faria o pedido como se faz hoje. Em vez disso, ela solicitou que Boaz colocasse sua capa sobre ela, como seu resgatador. Esse ato simbolizava a intenção dele de protegê-la. Era como dar e receber um anel de noivado nos dias de hoje.

Ele fez isso? Sim e não. Ele respondeu: *Hum, sim. Quero fazer isso. Mas eu não sou o resgatador mais próximo. Há outro homem que tem laços mais próximos com a família de Noemi. Ele tem a preferência. Depende dele.*

Então, não, eles não ficaram noivos naquela noite. Mas Rute sabia que ele se casaria com ela caso o resgatador mais próximo declinasse. Boaz iria fazer as coisas da maneira correta e deixar o resultado nas mãos de Deus.

Rute permaneceu quieta aos pés de Boaz durante a noite, e discretamente voltou a Belém antes do amanhecer. As circunstâncias poderiam ser boas para uma trapaça, mas por causa do caráter de Rute e de Boaz, o esquema não falhou. A cortina fecha no terceiro ato quando Rute conta a Noemi tudo o que aconteceu.

Mesmo estratégias de homens e mulheres podem ser usadas por Deus para cumprir Seus propósitos. Noemi apostou seu plano na integridade de Boaz, que provou ser um homem honrado. Mas agora a pergunta é — quem ficará com a garota?

Quando a cortina se abre no quarto ato, vemos Boaz no portão da cidade, onde sabia que poderia encontrar o resgatador mais próximo.

Era certo que logo Rute teria um marido. Só não estava certo quem seria. O que até então era uma questão pessoal entre Noemi, Rute e Boaz, agora precisava se tornar pública. Esse era um problema de família a ser resolvido entre os resgatadores numa reunião pública.

Reunindo dez testemunhas, Boaz fala com o resgatador mais próximo sobre resgatar a propriedade de Elimeleque. "Claro," ele respondeu. "Eu a resgatarei." Parecia fácil demais. Ele sabia que teria que casar com a viúva para isso, mas achou que Noemi era velha demais para ter filhos e ele acabaria ficando com a propriedade sem nenhum herdeiro para reclamá-la. Financeiramente, o investimento era uma barganha sem riscos. Como perder?

Então Boaz expôs o argumento final: Rute vinha com a propriedade. Se o resgatador mais próximo a comprasse, compraria Rute também. O homem seria obrigado a ter um filho com Rute para perpetuar o nome da família de Elimeleque. Em outras palavras, o parente não poderia ficar com a propriedade quando o filho atingisse a idade de reclamar sua herança.

De repente, o plano do resgatador mais próximo sofreu uma alteração. Rapidamente ele abriu mão de seu direito de resgate. Boaz ficaria com Rute! A multidão comemorou e Boaz levou sua noiva para casa.

O que vem a seguir amarra todas as pontas soltas em nossa história. Não é suficiente que o rapaz fique com a garota, ou que a garota consiga o rapaz. Tudo isso tem um propósito maior.

Um dos propósitos é a continuidade do nome de Elimeleque sobre a herança. Para tal, Noemi precisa de um filho. Mas ela é muito idosa! Não pelas leis judaicas. Quando seu resgatador Boaz e Rute, sua nora, têm um filho, vemos uma procissão interessante passando pelas ruas de Belém. As mulheres da cidade estão levando um bebezinho e o colocando nos braços de Noemi, dizendo: "Noemi, agora tem um filho." A mulher amarga, que no primeiro ato, reclamava estar de mãos vazias agora está com as suas mãos cheias. Ela não está apenas bem alimentada. Também tem um neto para dar continuidade ao nome de seu marido. Este filho de Boaz e Rute é o herdeiro legal de Elimeleque.

Rute

Nossa história termina aqui? Não. Ainda temos a estranha genealogia como o ápice. O que aprendemos com ela? Continue lendo de onde parei no início: "Salmom gerou a Boaz, Boaz gerou a Obede, Obede gerou a Jessé, e Jessé gerou a Davi" (4:21,22).

Davi! De repente, a simples e inteligente história humana sobre a dificuldade de duas viúvas assume uma nova dimensão e um propósito ainda mais amplo. Esta mulher amarga e esta moabita estrangeira se tornam fios reluzentes no tecido da história de Israel.

Deus proveu pão por meio da ação de Rute. Proveu segurança mediante o casamento de Rute com Boaz e posteridade para Elimeleque e Noemi. Mais ainda, Deus proveu um grande rei para a nação de Israel por intermédio de uma mulher estrangeira. Deus usou a fidelidade de pessoas comuns para realizar grandes coisas.

Encontramos a mesma genealogia em Mateus 1:3-6:

Perez gerou a Esrom; Esrom, a Arão; Arão gerou a Aminadabe; Aminadabe, a Naassom; Naassom, a Salmom; Salmom gerou de Raabe a Boaz; este, de Rute, gerou a Obede; e Obede, a Jessé; Jessé gerou ao rei Davi.

Mas esta genealogia não para em Davi. Após muitos nomes difíceis de se pronunciar, lemos no versículo 16: "E Jacó gerou a José, marido de Maria, da qual nasceu Jesus, que se chama o Cristo."

A fiel Rute e o correto Boaz não apenas foram os tataravôs do grande rei de Israel. Eles também estão na genealogia daqueles escolhidos por Deus para enviar Seu Filho ao mundo para trazer a salvação.

Muitas vezes, numa tarde sombria qualquer, podemos achar difícil acreditar que Deus está realmente agindo em nossa vida. Ele parece estar escondido de nós. Como Noemi, podemos menosprezar a vida porque não temos certeza de que o Senhor está ativamente envolvido nela.

As coisas acontecem e parecem ser por acaso — como Rute recolhendo grãos nos campos de Boaz. A vida pode parecer aleatória e acidental. Mas acima de tudo, Deus está trabalhando, marcando encontros divinos conosco por meio dos acontecimentos, naquilo que parece acaso em nossa vida. O Senhor é o diretor no controle de todos os atores que estão no palco. Em meio ao que parece terrivelmente comum, Ele está fazendo algo extraordinário.

Dizem que o que somos determina o que vemos. Podemos procurar Deus e não achá-lo porque o confundimos com anjos reluzentes. O Senhor não é encontrado apenas no que é miraculoso e no extraordinário. Ele está trabalhando em nós e por nosso intermédio, no cotidiano da vida. Numa tarde sombria qualquer podemos ter a ideia de que a vida está em nossas mãos. Mas se pertencemos a Deus, mesmo quando não o vemos em ação, podemos ter a certeza de que o Senhor está agindo em nosso favor.

Rute fez uma escolha numa estrada poeirenta entre Moabe e Belém. Ela escolheu entregar sua lealdade a Deus e ao Seu povo. Aquela escolha pode ter parecido insignificante, mas transformou Noemi e transformou a história.

Quando você e eu escolhemos a Deus e ao Seu povo, podemos não ouvir sinos tocando. Mas o silêncio não significa que essa escolha não será transformadora. Como mulheres cristãs, estamos envolvidas num drama incrível. Não há dias comuns. Não há escolhas insignificantes. Se víssemos nossa vida como Deus a vê, ficaríamos surpresas. Numa tarde sombria qualquer podemos nos lembrar de que quando escolhemos Deus e Seu povo, o Senhor usará essa escolha de forma que exceda a nossa imaginação.

Rute

Questões para reflexão pessoal ou grupo de estudo

1. Descreva algum acontecimento em sua vida que pareceu ter sido coincidência.

2. O que aconteceu que a fez olhar para trás e concluir que a coincidência era, na verdade, Deus agindo?

3. Como isto afetou a forma como você olha agora para outras "coincidências"?

4. O que você pensa sobre o cuidado de Deus por sua vida?

Ana

COMO LIDAR COM A DEPRESSÃO

DEPRESSÃO. Acontece com as melhores pessoas.

Em seu livro *Some Run with Feet of Clay* (Alguns correm com pés de barro — tradução livre), a atriz Jeannette Clift relata a conversa que teve com uma amiga:

Outro dia eu liguei para uma cristã, das mais ativas que conheço. "Como vai," perguntei, pensando que era uma pergunta, de certa forma, inútil. Ela sempre estava bem e tinha 90 versículos bíblicos para atestar! Entretanto, não ouvi a resposta de costume. Ao invés disso, uma longa pausa, e então uma rajada de palavras num fôlego só.

"Ah, Jeannette, estou péssima! Estou tão deprimida que não sei o que fazer. Tive que parar de dar aulas na Escola Bíblica. Não estou fazendo nada. Não saio, não vejo ninguém. Tudo o que eu consigo fazer é me levantar pela manhã e, alguns dias, nem mesmo isso. Estou tão envergonhada que penso que não vou aguentar!"

Ana

Jeannette explica,

Aquela não era uma recém-convertida vacilante; era uma poderosa guerreira cristã! Eu já a tinha visto em ação e louvava a Deus por sua retidão no ensino ou no aconselhamento. Meu coração ficou apertado por ela. Essa querida amiga não apenas tinha descido alguns degraus, mas estava envergonhada de si mesma por isso... Qualquer cristão que fica realmente chocado com a depressão de outro cristão, não está lidando honestamente com a possibilidade da sua própria debilidade.

Anos atrás, passei muitas horas com duas amigas próximas, cada uma presa à teia paralisante da depressão. Uma era uma amiga de faculdade, cuja fé e comprometimento com Cristo me levou a um relacionamento pessoal com Deus. Ela e seu marido ministraram eficazmente, em nome de Cristo, na África por mais de 30 anos. Então foi arrastada para uma depressão profunda.

A outra amiga foi colega de ministério na França. Abençoada com uma mente esplêndida, nem sempre encontrava portas abertas para usar seus dons. Focando suas energias na família, ela e o marido criaram dois filhos exemplares. Depois que os meninos se casaram, ela não encontrou onde usar todos os seus talentos, e vivia há muitos anos num miasma de depressão.

Cynthia Swindoll, presidente e CEO do ministério *Razão para viver*, escreveu sobre os 15 anos nos quais sua vida foi obscurecida pela depressão. No prefácio do livro de Don Baker, *Depression* (Depressão — tradução livre), ela descreve sua experiência:

[Foi] escuro como mil meias-noites num pântano de ciprestes.
[Foi] uma solidão que é indescritível.
[Trouxe] dúvidas sobre Deus.
[Vivenciei] frustração com a vida e as circunstâncias.
[Foi] a sensação de ter sido abandonada, de não valer nada.

[Senti-me] indigna de ser amada.
A dor era insuportável.

Depressão. Você percebeu os sentimentos que Cynthia expressou? Ela se sentiu sozinha, confusa, frustrada, abandonada, sem valor, indigna de ser amada. A dor, disse ela, era lancinante.

A depressão vem de muitas formas, com diversos sintomas. Talvez você esteja sentindo alguns deles agora. Timothy Foster lista os sete principais sintomas da depressão em seu livro muito útil, *How to Deal with Depression* (Como lidar com a depressão — tradução livre).

1. Perdemos os sentimentos emocionais e os chamamos de "insatisfação". Isso é aquela queda no humor quando dizemos: "Não me sinto tão mal; não me sinto tão bem. Só não sinto muita coisa." (Foster nos lembra que cada depressão causada por emoção começa com um caso de insatisfação que se mantém e que gradualmente se deteriora.)
2. Tornamo-nos excessivamente autoconscientes. A maior parte das vezes fazemos as coisas "no piloto automático" — dirigimos o carro, cruzamos as pernas, coçamos o nariz ou jantamos sem pensar conscientemente nessas ações. Mas de repente, temos que pensar sobre o que normalmente são decisões inconscientes. Tornamo-nos autoconscientes.
3. O padrão do nosso sono muda. Se normalmente dormimos à noite, podemos experimentar a insônia. Se normalmente funcionamos bem com sete ou oito horas de sono, podemos descobrir que queremos dormir o tempo todo.
4. O padrão de nossa alimentação se altera. Se sempre mantivemos nosso peso sob controle com uma alimentação disciplinada, podemos nos descobrir buscando comida constantemente. Ou podemos perder o apetite e não nos forçarmos a comer.
5. O padrão de nosso choro muda. Isso, também, pode assumir duas formas. Se choramos regularmente, podemos descobrir algo

retendo nossas lágrimas. Não conseguimos chorar. Algo bloqueia o fluxo de nossas emoções. Ou podemos sentir uma necessidade constante de chorar. As lágrimas estão sempre prontas a irromper.
6. Perdemos a confiança em nossa habilidade de realização. Com isso, podemos experimentar a perda de energia ou falta de iniciativa.
7. Nosso humor sofre uma queda. Sentimo-nos tristes. A depressão normalmente começa com um sentimento de "vazio" ou de insatisfação, mas em algum momento o humor decai e vira uma combinação de tristeza e de não se importar com nada mais. Foster declara que a presença de apenas um ou dois desses sintomas não deve nos alarmar. Mas se estamos vivenciando três ou mais, podemos estar em depressão.

De onde vem a depressão? Em muitos casos ela pode ser atribuída à forma como pensamos sobre nós mesmas.

Algumas vezes são ocasionadas por um desequilíbrio bioquímico e devem ser tratadas com remédios pelo resto da vida. Outras são originárias de fatores emocionais.

Depressão é uma forma de lidar com o estresse. Algumas pessoas lidam com ele ficando fisicamente doentes. Outras, se superando. Outras ainda lidam com o estresse com uma queda no humor, se retirando da plena participação na vida.

Muitas depressões são causadas por eventos traumáticos. É possível olhar para esses acontecimentos e explicar o porquê de estarmos deprimidas. Talvez nos sintamos rejeitadas por alguém que valorizamos. Ou apenas atravessamos um divórcio devastador. Ou quem sabe, alguém muito próximo morreu recentemente. Talvez a perda de um emprego com a ameaça de perder a casa. A depressão pela perda é o tipo mais fácil de se entender.

Outras depressões não podem ser ligadas a algo específico que aconteceu. Sentimo-nos deprimidas "sem razão alguma".

O estresse normalmente ataca quando nos centramos em nós mesmas de forma negativa. Ele vem quando nos sentimos incapazes de mudar nossa situação. Não enxergamos alternativas. Sempre que nos viramos, vemos portas fechadas ou caminhos bloqueados nos afastando de nossa felicidade. O que é apenas uma pequena barreira para uma mulher, se torna um obstáculo intransponível para outra.

Para muitas mulheres na idade madura, a depressão chega quando percebem que nunca mais se tornarão o que sonharam ser um dia. Psicólogos chamam isso de *melancolia involutiva*. O desespero se torna gradualmente a causa e um efeito da depressão.

Todas as pessoas deprimidas vivenciam uma queda na autoconfiança. Se eu tenho baixa autoestima, estou muito mais vulnerável à depressão. Algo acontece comigo que confirma minha ideia de que não sou boa.

Alguns anos atrás, quando trabalhava num Seminário eu editava a revista desta instituição. Imagine a seguinte cena naquele ambiente: Meu chefe para em frente à minha mesa me pergunta se terminei de escrever um determinado artigo para a próxima edição. Eu não terminei. Então, percebo que ele se decepcionou comigo. Começo a traduzir aquilo em todo o tipo de sentimento que ele, na verdade, não está tendo. Se minha autoestima está baixa, posso concluir que ele está aborrecido comigo porque não fiz meu trabalho. Na realidade, assumo que está tão zangado que provavelmente vá me demitir. Acredito que mereço qualquer coisa que ele fizer porque não sou capaz. Sou um fracasso. Porque sou tão inútil, um peso morto no escritório, a melhor coisa que posso fazer pelo Seminário é pedir demissão, assim meu chefe poderá contratar alguém que fará o trabalho corretamente.

Alguma vez você já criou esse tipo de cena em sua mente? Eu já. O que acontece é que eu arquivo esse incidente na minha memória, onde já arquivei muitos outros relacionados a "rejeição". Meu nível de autoconfiança afunda mais um pouco a cada vez, por causa do peso desse arquivo cheio de fracassos.

À medida que minha autoconfiança se esvai; eu me afasto das pessoas ao meu redor, da vida em geral e, com frequência, de Deus.

Ana

Provavelmente não tenho consciência dos meus motivos para esse afastamento. Mas quanto mais me distancio, mais me culpo. Isso apenas aumenta o problema. A cada vez que faço isso, minha autoconfiança atinge um patamar mais baixo. Um ciclo vicioso começa a girar, me levando a um distanciamento maior e a mais sentimento de culpa e de inutilidade. Capturada nesse ciclo, me sinto totalmente desesperada. Nada que eu faça vale alguma coisa. Estou à mercê das forças que me esmagam na minha inadequação. Sinto-me sendo sugada para baixo, para dentro de um rodamoinho de depressão.

Pensamentos negativos sobre nós mesmas podem rapidamente se tornar automáticos. Não precisamos nos esforçar para ter pensamentos negativos. Eles se tornam hábitos bem enraizados, fortalecidos pelos anos de prática. Não chegamos aos pensamentos negativos por meio da lógica. Alcançamos a maior parte deles sem nenhuma evidência objetiva. Mas isso não nos detém.

A depressão cria um estado de espírito no qual quase tudo o que vivenciamos nos lembra a nossa condição miserável e impotente. Essa é uma razão da depressão ser tão dolorosa. Realmente acreditamos que somos culpadas por tudo o que pensamos estar errado. Responsabilizamo-nos por qualquer coisa ruim que acontece ao nosso redor. Enfatizamos os fracassos e ignoramos os sucessos, ou os empurramos para um canto, como obras do acaso.

A maior parte do tempo, pessoas deprimidas ancoram seu senso de valor próprio a uma vaga ideia do que é o sucesso. Expectativas irreais e objetivos inalcançáveis nos levam a um esmagador sentimento de fracasso e inutilidade. Em outras palavras, preparamo-nos para fracassar. O hábito mental de inflar os outros e desinflar a nós mesmas é típico da depressão. Acabamos com percepções distorcidas das outras pessoas que nos deixam com o sentimento de inferioridade. Vemo-nos como tolas, não atraentes, sem talentos ou sem maturidade espiritual.

Pode ser útil resumir os sintomas e a síndrome da depressão. Mas esta não é uma publicação médica, e depressão não é um vírus. É sempre algo pessoal. Acontece com pessoas reais. Podemos entender melhor se analisarmos um estudo de caso de depressão.

Nosso estudo de caso é uma mulher chamada Ana, e sua história pode nos ajudar ao caminharmos com ela pela depressão, e pela saída dela. Encontramos o registro desta história em 1 Samuel 1, e à medida em que vamos nos familiarizando, descobrimos que ela tinha diversas fontes de estresse.

Primeiro, Ana viveu num período estressante da história de Israel, quando a nação era uma flexível confederação de tribos unidas em torno da adoração de Jeová, no santuário de Siló. Invasores perturbavam uma tribo, e então outra. Ao longo de um período que durou séculos, fortes líderes, os juízes, libertariam o povo de Deus do domínio estrangeiro, e acabariam encontrando outra tribo israelita oprimida por um grupo diferente de profanos.

Não era apenas a nação de Ana que estava sendo oprimida por povos vizinhos, mas a vida religiosa do povo também estava sendo corrompida por maus sacerdotes. Os dois filhos do sumo sacerdote Eli, zombavam dos sacrifícios e, para deixar as coisas ainda piores, estavam dormindo com mulheres que serviam na entrada do tabernáculo. Sua hipocrisia religiosa não inspirava fé e devoção a Deus.

Ana vivia num período estressante na política e na religião. Mas também tinha que viver com o estresse em sua própria família. Todos os desse clã eram devotos, vivendo em Ramataim-Zofim, da região montanhosa atribuída à tribo de Efraim. Elcana, seu marido, era um levita, ou um sacerdote. Todos os anos ele e a família faziam a viagem de 16 km a pé até o tabernáculo de Siló para adorar. Mas em 1 Samuel 1:2, também ficamos sabendo que Elcana tinha duas esposas — Ana, que era a amada, porém estéril, e Penina, que era menos amada, mas muito fértil. Um pouco do estresse de Ana vinha da vida nesse casamento polígamo.

Ana

Poligamia era um fato da vida na antiga Israel. Esposas eram um meio de garantir filhos, e uma mulher que fracassasse em ter filhos, era considerada um elo inútil na corrente que levaria ao Messias prometido. No caso de Ana, é provável que fosse a primeira esposa de Elcana. Mas como era estéril, ele tomou uma segunda esposa para garantir que o nome da família não se perdesse pela falta de filhos.

A situação de Ana era deprimente. Ano após ano Penina dava à luz. Ano após ano, Ana sofria emocionalmente com sua infertilidade, suas esperanças de gravidez diminuindo a cada período menstrual. O estresse de Ana no contexto da família não veio apenas por estar nesse casamento polígamo. Veio também de sua infertilidade, pois vivia próxima à outra esposa que não tinha problemas para conceber e ter filhos.

Seu estresse, no entanto, foi agravado pelo fato de sua rival nunca parar de alfinetá-la por sua esterilidade. Penina "a provocava excessivamente para a irritar," e isso acontecia "de ano em ano" (1 SAMUEL 1:6,7).

Um dos momentos de maior provação para Ana parece ser aquela peregrinação anual a Siló. Imagine ter que andar 16 km com alguém que nunca para de provocá-la por sua inadequação, e por todo o caminho os filhos da outra ficarem tropeçando em você, limpando seus narizes em sua saia, ou pedindo que os leve no colo. Não foi surpresa que Ana chegasse a Siló sob uma nuvem negra de depressão.

Como sabemos que estava deprimida? Quais eram seus sintomas? A pergunta de Elcana a sua esposa no versículo 8 nos dá algumas pistas: "Ana, por que choras? E por que não comes? E por que estás de coração triste?"

Volte aos sete principais sintomas de depressão, de Foster. Ana estava exibindo três deles. E o esforço bem-intencionado de Elcana em consolá-la, não fez efeito. Nada parecia fazer qualquer diferença. Seu desespero era avassalador. Ela se afastou do consolo do marido. Afastou-se, também, do círculo da família.

Se alguma vez já esteve no buraco negro da depressão, você pode se solidarizar com Ana. Entretanto, em meio a tudo isso, ela não havia perdido seu vínculo com Deus. Leia o que acontece depois.

*Após terem comido e bebido em Siló, estando Eli, o sacerdote, assentado numa cadeira, junto a um pilar do templo do S*ENHOR*, levantou-se Ana, e, com amargura de alma, orou ao S*ENHOR*, e chorou abundantemente* (1 SAMUEL 1:9,10).

Observe que, embora tenhamos aprendido muita coisa sobre ela na história bíblica até este ponto, apenas agora ouvimos a própria Ana falar. Não temos qualquer indicação se ela respondia às provocações de Penina, ou se tentou ajudar Elcana a entender seu sofrimento quando ele procurou consolá-la. Até o momento da sua fala no versículo 11, ela era uma personagem sofredora silenciosa, muito parecida com muitas mulheres que sofrem de depressão hoje. Depressão tem uma forma de nos roubar a habilidade de comunicação com pessoas importantes ao nosso redor. Podemos achar que ninguém vai entender.

Com amargura de alma, Ana chorou. Mas ela fez algo mais. Ela orou ao Senhor. A primeira vez que a escutamos falar, ela fala com Deus:

*E fez um voto, dizendo: S*ENHOR *dos Exércitos, se benignamente atentares para a aflição da tua serva, e de mim te lembrares, e da tua serva te não esqueceres, e lhe deres um filho varão, ao S*ENHOR *o darei por todos os dias da sua vida, e sobre a sua cabeça não passará navalha.*

O voto de Ana é conhecido como o voto do nazireu. Sansão, um juiz anterior de Israel, também foi um nazireu, "consagrado a Deus desde o ventre," aquele que "começará a livrar a Israel do poder dos filisteus" (JUÍZES 13:5). Os judeus acreditavam que tudo que não tivesse sido tocado, arado ou cortado pertencia ao Senhor. Um campo era do Senhor até que fosse arado. Uma vez que um agricultor o cavasse, ele era seu, e não mais do Senhor. Uma pessoa dedicada ao Senhor desde o nascimento não poderia ter seu cabelo cortado. Uma vez que fosse cortado, ela não teria mais o mesmo relacionamento com Deus. Isso explica o que aconteceu com Sansão quando Dalila extraiu o segredo de sua força e uma navalha foi usada em sua cabeça.

Ouça Ana enquanto ela barganha por um filho. Sinta seu desespero e a urgência de sua petição. "Veja o meu sofrimento! Lembre-se de mim! Não se esqueça de mim! Dê-me um filho!" Escutamos o peso nas palavras de sua oração. Vemos isso na forma como ela ora.

Demorando-se ela no orar perante o Senhor, *passou Eli a observar-lhe o movimento dos lábios, porquanto Ana só no coração falava; seus lábios se moviam, porém não se lhe ouvia voz nenhuma; por isso, Eli a teve por embriagada e lhe disse: Até quando estarás tu embriagada? Aparta de ti esse vinho! Porém Ana respondeu: Não, senhor meu! Eu sou mulher atribulada de espírito; não bebi nem vinho nem bebida forte; porém venho derramando a minha alma perante o* Senhor. *Não tenhas, pois, a tua serva por filha de Belial; porque pelo excesso da minha ansiedade e da minha aflição é que tenho falado até agora* (1 SAMUEL 1:12-16).

Juntando-se ao sarcasmo de Penina e ao esforço ineficaz de consolo de Elcana, veio uma repreensão afiada do sumo sacerdote. Em meio ao seu sofrimento, Ana ainda teve que lidar com esta crítica injustificada.

Em sua oração Ana prometeu que, se o Senhor lhe concedesse o desejo de seu coração, ela entregaria aquele filho de volta para Ele, para servi-lo todos os dias de sua vida (v.11). Mas aquele voto e suas súplicas não foram os responsáveis por Ana ter passado tanto tempo orando. Lemos que "com amargura de alma, *orou* ao Senhor, *e chorou abundantemente*," e "*demorando-se ela no orar*" (vv.10,12 — ênfase adicionada).

Após ouvir a explicação de Ana, o sumo sacerdote a compreendeu. Eli lhe disse: "Vai-te em paz, e o Deus de Israel te conceda a petição que lhe fizeste" (v.17). Observe que Eli não sabia o que Ana havia pedido a Deus. Ele simplesmente acrescentou suas orações ao Deus de

Israel, às dela. Ainda assim, algo aconteceu a Ana enquanto estava ali orando. Independentemente do que tenha sido, produziu o resultado que vemos no versículo 18: "Assim, a mulher se foi seu caminho e comeu, e o seu semblante já não era triste."

Ana participou da adoração ao Senhor na manhã seguinte, voltou para Ramataim-Zofim com Elcana, e *voilá!* — logo ela estava grávida e deu à luz a Samuel, cujo nome significa "Deus ouve". O Senhor a escutou e respondeu sua oração. Não é de admirar que sua depressão passou! Ela teve o bebê que pediu.

Mas foi isso mesmo que aconteceu?

Se nossa história terminasse em 1 Samuel 1, poderíamos pensar que a única forma de sair da depressão é com a intervenção miraculosa de Deus, preenchendo os espaços vazios de nossa vida. Mas a história não termina no capítulo 1. A chave para entender a dramática reviravolta de Ana descrita no versículo 18, está em seu cântico ou salmo, que encontramos em 1 Samuel 2:1-10. Lá percebemos que Ana saiu da depressão quando tirou sua atenção de si mesma e de sua situação, e a colocou em Deus. Em meio ao seu sofrimento, ela foi capaz de concentrar-se em três fatos importantes sobre o Senhor. Ela os sublinha em seu cântico.

A primeira coisa que Ana aprendeu sobre Deus é encontrada em 1 Samuel 2:2: "Não há santo como o Senhor; porque não há outro além de ti; e Rocha não há, nenhuma, como o nosso Deus." *Ela reconheceu a santidade de Deus.*

O que o fato da santidade de Deus poderia significar para uma mulher em depressão? Bem, se apenas definirmos santidade negativamente — como uma separação de tudo que é imundo — isso pode nos fazer sentir piores sobre nós mesmas. Longe de ser consolador, isso poderia intensificar os sentimentos de inutilidade e a culpa que são, frequentemente, partes da depressão.

Ana

Mas a santidade de Deus não é meramente a ausência do mal. Charles Ryrie sugere uma analogia que pode nos ajudar a compreender a palavra *santo*. Ryrie pergunta: "O que significa ser saudável?" Quer dizer a ausência de doença. Mas todos sabemos que ser saudável é muito mais do que simplesmente não estar doente. Significa também ter energia, ser fisicamente capaz de cumprir as exigências de nossa vida diária.

Desse modo, santidade é também a presença do que é positivamente correto. É Deus agindo, providenciando o que é positivamente certo para nós. É a parte da natureza do Senhor que não o deixa fazer nada em nossa vida que não seja para o nosso bem. Seu amor é um amor santo, puro, comprometido com o melhor para nós.

A segunda coisa que Ana aprendeu sobre Deus está em 1 Samuel 2:3: "…porque o Senhor é o Deus da sabedoria e pesa todos os feitos na balança." A Nova Tradução na Linguagem de Hoje traz esse versículo como, "…Pois o Senhor é Deus que conhece." *Ela reconheceu o perfeito conhecimento de Deus.*

Não apenas a santidade de Deus o mantém comprometido com o nosso bem; Seu perfeito conhecimento não o deixa fazer nada em nossa vida que não seja perfeitamente certo para nós.

Alguém disse que "Deus não desperdiça seus traços em nossa vida." É verdade. É verdade porque Deus *sabe* o que é melhor para nós. Nada de tentativa e erro. Nada de bolas desperdiçadas ou para fora. O Senhor é um Deus de conhecimento. Isso nos dá confiança em Seu agir em nossa vida.

A terceira coisa que Ana aprendeu sobre Deus ocupa a maior parte de seu cântico. *Ela reconheceu o poder de Deus.*

O Senhor é o que tira a vida e a dá;
faz descer à sepultura e faz subir.
O Senhor empobrece e enriquece;
abaixa e também exalta […]
porque do Senhor são as colunas da terra,
e assentou sobre elas o mundo (1 SAMUEL 2:6-8).

O Senhor da criação tem todo o poder. Ele pode fazer o que quiser. Esse fato, sem os dois primeiros, pode nos aterrorizar. Se soubéssemos apenas que Deus tem todo o poder, sem conhecer mais nada sobre Ele, teríamos motivos para uma depressão em massa. Todas iríamos nos encolher em cantos escuros para escapar de Sua ira ou Seus caprichos. Mas Deus dosa Seu poder com Seu comprometimento com o nosso bem-estar. Ele controla Seu poder com Seu conhecimento do que é melhor para nós.

Meu marido, Randy, e eu temos quatro filhos adultos. Sempre quisemos o melhor para eles. Mas, com frequência, não sabíamos o que lhes seria melhor. Quais seriam as melhores escolas? Que atividades seriam mais completas? Qual igreja os ensinaria? Enquanto nossos filhos cresciam, tomamos milhares de decisões, em nosso coração, sobre os interesses deles. Mas nem sempre estávamos certos de que nossas escolhas eram sensatas. Não apenas Randy e eu muitas vezes não tínhamos o conhecimento do que era melhor para nossos filhos; houve momentos em que sabíamos, mas não tínhamos o poder de fazer valer aquela decisão. Somos pais finitos e falíveis, que cometeram muitos erros pelo caminho. Queríamos o que era melhor para nossos filhos, mas nos faltava o conhecimento e o poder que precisávamos.

Deus não é finito e não é falível. Ele não apenas quer o que é melhor para nós, mas também sabe, com perfeito conhecimento, o que é melhor, e tem o poder para fazer o melhor acontecer em nossa vida. O santo comprometimento de Deus conosco, o Seu conhecimento do que é melhor e o Seu poder para fazer as coisas certas acontecerem em nossa vida, estão todos interligados para o nosso bem.

O que tirou Ana de sua depressão? Ela viu o Senhor como Ele realmente é. Deus endossou Seu compromisso com o bem-estar dela com Seu conhecimento e Seu poder para fazer o que fosse necessário em sua vida.

A história de Ana teve um final feliz. Samuel nasceu. Ela o entregou ao Senhor, e Deus lhe deu mais três filhos e duas filhas. Ainda assim, no começo (1 SAMUEL 1:18), depois que orou, comeu alguma coisa e deixou de parecer triste, ela não sabia como a história terminaria. Ela foi capaz de fazer aquilo porque tinha se encontrado com Deus, compreendido quem Ele era e o que podia fazer.

No início desse capítulo, mencionei que os psicólogos acreditam que a depressão está frequentemente relacionada à maneira como pensamos sobre nós mesmas. Também é verdade que a depressão está relacionada à forma como pensamos — ou deixamos de pensar — sobre Deus. Uma vez que nos vinculamos a um Deus do tamanho do nosso, temos um recurso para lidar com a depressão. Podemos nos focar nele — Sua santidade, conhecimento, poder. Podemos enfrentar nossos medos e ansiedades à luz de Seu caráter e comprometimento conosco.

Se a depressão for proveniente da forma como nos avaliamos, então ela pode ser resolvida pela forma que pensamos sobre nós mesmas em relação a um Deus santo, conhecedor e poderoso, que é comprometido conosco.

Robert Browning (N.E.: Poeta inglês do século 19) nos lembra que "ficar olhando para baixo deixa a pessoa tonta." Eu tenho acrofobia. Não gosto de ficar no topo de lugares como torres de vigia, monumentos ou arranha-céus. Olhar para baixo me aterroriza. Browning está certo: "Ficar olhando para baixo deixa a pessoa tonta." O olhar para baixo é o que leva à depressão. O olhar para cima leva embora nosso medo. Olhe para o Deus de Ana, Aquele que dissipou sua depressão com um novo entendimento de Seu amor, conhecimento e poder.

Questões para reflexão pessoal ou grupo de estudo

1. O que a amorosa santidade de Deus significa para você quando enfrenta situações difíceis em sua vida?

2. O que significa para sua vida diária o fato de Deus ter o conhecimento absoluto de tudo?

3. O que significa para você o fato de Deus ter poder pleno para fazer o que Ele quiser?

4. Como esses três fatos sobre Deus a ajudam ou dificultam quando está enfrentando circunstâncias depressivas?

Reflexão pessoal

Abigail

COMO VIVER COM UM MARIDO DIFÍCIL

VOCÊ, ALGUMA VEZ, caminhou por sua rua, observando todas as casas e imaginando como as pessoas, que vivem naquelas casas, se relacionam umas com as outras? Ou você olhou para uma mulher sentada à sua frente no culto e pensou: "Uau! Não há dúvida, ela tem tudo! Seu belo marido é cristão e um líder da igreja. E ele a trata como uma rainha. Seus obedientes filhos nunca parecem dar-lhes algum problema. Eles têm dinheiro suficiente para fazer o que querem e ir onde querem. Eu me pergunto como seria se fizesse parte desta família cristã perfeita."

Às vezes, olhamos para os outros ao nosso redor e nos permitimos ceder à autocomiseração, pensando no quanto a vida das outras pessoas é muito melhor do que a nossa. Esse é o problema de julgarmos somente a partir das aparências. Pois o que acontece atrás das portas fechadas de um lar cristão pode ser muito diferente do que *deveria* ocorrer numa família. A família "tão ideal" no banco da frente da igreja, pode ser qualquer coisa menos perfeita.

Há alguns anos, fiz uma palestra num retiro de mulheres. Elas faziam parte de uma igreja restritiva, onde todas sabiam exatamente como traçar cada "t" e colocar o pingo em cada "i". Elas encheram seus blocos de notas, parecendo que escreviam praticamente tudo o que eu dizia. Contudo, enquanto eu ministrava, imaginava se alguma delas seria *humana*. Se fossem cortadas, sangrariam?

No sábado à noite, depois da minha terceira palestra, veio a resposta. Após a reunião, três mulheres se aproximaram de mim. Cada uma tinha basicamente a mesma história para contar. Eis o relato de uma delas:

Quando veio em minha direção, era evidente que estava terrivelmente temerosa. Eu podia ver o medo em seus olhos e seu nervosismo à medida que comprimia os dedos das mãos. Parecia que mantinha-se de pé por nada mais do que elásticos. Quando procurei deixá-la à vontade e perguntei pela causa de sua angústia, ela pouco a pouco me contou sua história.

Era casada há 13 anos com um homem formado em teologia e que, durante o seu casamento, tinha pastoreado três igrejas. Ele, recentemente, havia deixado o ministério, e tentava a vida vendendo imóveis. O casal tinha três filhos em idade escolar. Ela trabalhava tempo integral como enfermeira psiquiátrica e, naquele momento, esta era a única fonte de renda fixa da família. Vou chamá-los de João e Janete.

João era um abusador. Sim, ele tinha sido pastor e era cristão. Formou-se num seminário. Apesar disso, e também batia em sua esposa.

Janete era uma mulher maltratada. Era inteligente e trabalhava numa clínica psiquiátrica. Apesar disso, era uma esposa agredida.

João a espancava desde o primeiro ano de casamento. A agressão acontecia de diversas formas. Começavam quando ele estava com raiva e jogava nela tudo o que encontrava pela frente. Em seguida, se lançava sobre ela, golpeando-a e arrancando os seus cabelos.

Depois disto, ela sabia que ele voltaria para casa à noite e tudo recomeçaria. Por isso, ficava acordada toda a noite, "sentindo o leão que ruge por toda a casa", sem nem saber como e quando iria atacá-la de novo. O segundo ataque podia ser uma nova surra ou podia ser um balde de água fria despejado sobre ela no escuro.

Se João tivesse um destes ataques de ira enquanto estivessem no carro, ela temia pela vida de toda a família. Certa vez, quando estava grávida, ele esticou o braço sobre dela, abriu a porta do carro e a empurrou para fora com o veículo em movimento.

Após estes ataques, João ficava muito contrito. Em público, especialmente na igreja onde é visto como um bom líder, abraçava a Janete e pedia às pessoas para olharem para a sua bela esposa. Fora de casa, ele cultivava cuidadosamente a impressão de ser um marido amoroso e apaixonado.

Parece que a ira de João é provocada por inúmeras coisas. Se ele encontra Janete lendo um livro, o arranca de suas mãos, alegando que se ela quiser aprender alguma coisa deve lhe perguntar e ele a ensinará.

Ele mantém a família em um programa diário rígido de memorização de versículos bíblicos. Na realidade, desenvolveu um sistema, usado regularmente por muitas famílias em sua igreja. Neste sistema, há um versículo-chave para cada capítulo da Bíblia e um sistema complexo de memorização para aprender estes versículos. Os membros da sua família também todos os dias devem investir certo tempo, escutando programas cristãos gravados. João sempre fica muito irritado quando um deles não aprende o versículo de forma perfeita ou não responde a todas as perguntas que ele faz sobre o programa.

Anos atrás, Janete havia persuadido a João para que fossem ver um conselheiro espiritual. Mas o conselheiro cristão simplesmente lhe deu um sermão quanto ao seu dever de ser submissa.

Quando Janete falou comigo, estava claro que ela havia suportado a raiva de João durante anos. Entretanto, ela encontrou a coragem para falar somente agora, porque temia pela segurança de seus três filhos. A igreja a havia ensinado tão bem a ser submissa que pensou que não tinha outra alternativa a não ser ficar em casa, aguentar o abuso e correr o risco de ser morta por João, à medida que a raiva dele aumentava. Na verdade, como acontece com frequência às mulheres agredidas, Janete assumia a culpa pelo abuso do marido. Insistia que se ela fosse diferente, ele não a espancaria. Ele não se via como um homem abusivo.

Essa é a história de Janete. Duas outras Janetes falaram comigo naquela mesma noite.

Abigail

Nos dias atuais, a agressão contra mulheres é uma realidade na sociedade e um fato dentro de nossas igrejas evangélicas. Nos Estados Unidos, uma em cada oito mulheres sofre agressão física. Uma em cada quatro, é vítima de abuso sexual. E a cada 18 segundos, uma mulher é espancada, e um quarto delas está grávida. (N.E.: O Brasil ocupa o 7.º lugar no ranking internacional de homicídios femininos.)

Além disso, nove em cada dez casos de abuso físico não são informados à polícia. Os peritos da lei chamam a agressão contra as esposas de "crime silencioso", um dos delitos menos relatados ou denunciados.

Muitas mulheres, embora não sejam maltratadas fisicamente, ainda são abusadas. Por exemplo, uma das principais causas da depressão é a baixa autoestima, nutrida pelo fato de sermos constantemente subestimadas pelas pessoas mais próximas — aquelas que deveriam nos encorajar.

Tenho uma amiga íntima, cujo marido quase nunca se assenta à mesa sem dizer-lhe qual comida *deveria* ter preparado e como deveria ter cozinhado o que preparou. Por mais de 25 anos, minha amiga suportou esta torrente de crítica em praticamente todas as refeições. Não é de admirar que a sua autoconfiança seja zero. Não há nada — do pentear o cabelo ao limpar a casa — que ela possa fazer para agradá-lo. Ele a crítica dia e noite. Ele também é um abusador e ela uma mulher abusada.

O abuso pode ser físico, verbal ou não verbal. Em qualquer uma das formas que se manifeste, muitas mulheres cristãs aceitam este abuso em nome da submissão. Estão convencidas de que, como mulheres cristãs, não têm alternativa além de suportar o abuso como vontade de Deus para a sua vida.

O que essas mulheres fazem?

Em 1 Samuel 25, encontramos um exemplo sobre como lidar com um homem abusivo. Vemos ali Nabal e sua esposa Abigail.

> *Havia um homem, em Maom, que tinha as suas possessões no Carmelo; homem abastado, tinha três mil ovelhas e mil cabras e estava tosquiando as suas ovelhas no Carmelo. Nabal era o nome deste homem, e Abigail, o de sua mulher; esta era sensata e formosa, porém o homem era duro e maligno em todo o seu trato. Era ele da casa de Calebe* (vv.2,3).

Nabal era um homem de difícil convivência, descrito por Deus como "duro e maligno". A força das palavras hebraicas está no fato de que ele era áspero, arrogante, um malfeitor com mão de ferro.

Os servos da casa de Nabal certamente concordariam com a descrição de Deus sobre este homem. No versículo 17, escutamos a um servo, falando a Abigail sobre o seu senhor e marido dela: Ele é um homem tão malvado que "não há quem lhe possa falar".

Mais uma vez, o texto hebraico é muito forte. Nabal "é filho de Belial" a pior afirmação de desprezo possível que o servo poderia usar. Nabal era um homem ríspido, difícil, severo. Era impossível argumentar com ele.

O servo não estava sozinho nesta opinião. Abigail descreve o seu marido para Davi: "Não se importe o meu senhor com este homem de Belial, a saber, com Nabal; porque o que significa o seu nome ele é. Nabal é o seu nome, e a loucura está com ele..." (v.25).

Assim, este era um homem perverso e difícil. Deus disse isto. O servo o reafirmou e Abigail concordou.

Abigail provavelmente adentrou a esse desconfortável casamento contra a sua vontade. Em sua época, os casamentos eram arranjados pelos pais. Nabal era um dos homens mais ricos da região. Ele tinha mil cabras e três mil ovelhas. Era um homem importante e influente. Casar-se com um partido destes era considerado uma bem-aventurança. O fato de que ela poderia ser infeliz com tal casamento, era irrelevante.

Infelizmente, muitas mulheres na contemporaneidade têm casamentos tão miseráveis quanto o de Abigail. O belo príncipe torna-se um sapo. O excelente líder cristão não passa de um abusador.

Abigail

Como Abigail lidou com a sua situação, presa ao casamento com um homem perverso, enredada por sua maldade, com o qual ninguém podia falar nem argumentar? Podemos aprender algo com esta mulher que possa nos auxiliar ou ajudar a mulheres que conhecemos, que encontram-se nessa mesma situação?

Quando a encontramos pela primeira vez, vemos uma mulher fazendo todo o possível para reduzir o dano que o seu marido provocou. E ele ocasionou um verdadeiro prejuízo — tanto que toda a família estava em perigo de extermínio. Vamos rever a história.

Tudo começa durante o período do ano em que as três mil ovelhas de Nabal foram tosquiadas. São muitas ovelhas, muitos tosquiadores e muito trabalho para todos se preocuparem.

Naquela época, o período da tosquia também era uma época festiva. Era costume o dono das ovelhas dar uma festa, quando o trabalho era terminado. Na festa, ele presenteava a todos que, de alguma forma, o tinham ajudado durante o ano. Esta era uma maneira de agradecer a Deus e um gesto de boa vontade para com o seu próximo. Quando Davi enviou os seus jovens guerreiros para cobrar o que devia ser-lhes pago pela proteção que haviam dado aos pastores de Nabal naquele ano, eles tinham toda a razão do mundo para esperar que esse homem fosse generoso.

Mas em vez disso, os versículos 10 e 11 relatam que Nabal insultou os homens de Davi, de duas formas. Primeiro, ele deveria ter-lhes respondido de forma generosa pela ajuda que dispensaram aos seus pastores. Segundo, o costume oriental exigia que ele fosse amável com eles, ainda que Davi tivesse sido um inimigo mortal. O perverso, ríspido e mesquinho Nabal não só se recusou a dar-lhes algo quando deveria ter sido generoso, mas também desdenhou o caráter de Davi diante de seus guerreiros.

Davi entendeu bem o insulto. A resposta, encontrada nos versículos 12 e 13, foi essencialmente: "Está bem então homens, tomem as suas espadas. Vamos terminar com este tipo e com todos os seus familiares." Com 400 homens armados, Davi se dispôs a destruir a casa de Nabal.

Ao mesmo tempo, um servo sábio correu para Abigail e lhe contou tudo o que havia ocorrido:

Nesse meio tempo, um dentre os moços de Nabal o anunciou a Abigail, mulher deste, dizendo: Davi enviou do deserto mensageiros a saudar a nosso senhor; porém este disparatou com eles. Aqueles homens, porém, nos têm sido muito bons, e nunca fomos agravados por eles e de nenhuma coisa sentimos falta em todos os dias de nosso trato com eles, quando estávamos no campo. De muro em redor nos serviram, tanto de dia como de noite, todos os dias que estivemos com eles apascentando as ovelhas. Agora, pois, considera e vê o que hás de fazer, porque já o mal está, de fato, determinado contra o nosso senhor e contra toda a sua casa; e ele é filho de Belial, e não há quem lhe possa falar (vv.14-17).

Abigail estava com uma situação difícil em suas mãos. Quatrocentos homens estavam a caminho para matar não somente a Nabal, mas a maioria de seus familiares. Ela tinha que agir rapidamente, para reduzir o dano que seu marido havia provocado.

O que você teria feito no lugar de Abigail? Teria fugido para salvar a própria pele? Teria organizado os seus servos para lutarem contra Davi? Teria tentado argumentar com Nabal? Teria se resignado a ser morta? Teria entrado em pânico?

Nos versículos 18 a 24 encontramos Abigail adotando medidas decisivas de forma independente:

Então, Abigail tomou, a toda pressa, duzentos pães, dois odres de vinho, cinco ovelhas preparadas, cinco medidas de trigo tostado, cem cachos de passas e duzentas pastas de figos, e os pôs sobre jumentos, e disse aos seus moços: Ide adiante de mim, pois vos seguirei de perto. Porém nada disse ela a seu marido Nabal. Enquanto ela, cavalgando um jumento, descia, encoberta pelo monte, Davi e seus homens também desciam, e ela se encontrou com eles. Ora, Davi dissera: Com efeito, de nada me serviu ter guardado tudo quanto este possui no deserto, e de nada sentiu falta de tudo quanto lhe pertence; ele me pagou mal por bem. Faça Deus o que lhe aprouver aos inimigos de Davi, se eu deixar, ao amanhecer, um só do sexo masculino dentre os seus. Vendo, pois, Abigail a Davi, apressou-se, desceu do jumento e prostrou-se sobre o rosto diante de Davi, inclinando-se até à terra. Lançou-se-lhe aos pés e disse: Ah! Senhor meu... permite falar a tua serva contigo e ouve as palavras da tua serva.

Abigail pensou rapidamente e se apressou a interceptar o problema. Mas o que você pensa sobre a atitude dela? Acha que ela agiu corretamente? O que estava realmente acontecendo, enquanto ela corria por todos os lados para assar o pão, empacotar as passas e os figos e colocar os odres de vinho sobre os burros?

Primeiramente, ela fez justamente o contrário do que Nabal queria que se fizesse. Ele expulsou os guerreiros de Davi, mas ela preparou grandes quantidades de comida para eles.

Segundo, ela fez isto escondido de Nabal. O texto indica que não comunicou a seu marido o que estava fazendo.

Em sua opinião, a atitude dela foi correta?

Veja de que maneira Davi avaliou o que Abigail fez:

Então, Davi disse a Abigail: Bendito o SENHOR, Deus de Israel, que, hoje, te enviou ao meu encontro. Bendita seja a tua prudência, e bendita sejas tu mesma, que hoje me tolheste de derramar sangue e de que por minha própria mão me vingasse (vv.32,33).

Davi viu a ação independente de Abigail, contrária aos desejos de Nabal, como advindas de Deus. E de acordo com esta passagem das Escrituras, Abigail é para nós um modelo de mulher sábia diante de uma situação difícil. Ela agiu pensando no que seria melhor para a sua família — e seu marido. A primeira pessoa que teria sentido o fio da espada de Davi seria Nabal. Ao agir contra os desejos do marido, Abigail salvou-lhe a vida. Ela tinha em mente o melhor para ele e para todos os seus.

Nem toda a situação que as mulheres enfrentam em casamentos ruins, é uma questão de vida ou de morte. No caso de Abigail era. E a situação de Janete, estava quase chegando lá. Nesses casos, a obrigação da esposa cristã ser submissa termina quando a vida dela está em risco, seja física ou espiritualmente. Uma mulher sábia faz todo o possível para reduzir o dano que um homem difícil provoca em seu lar. Pode ser que esta mulher tenha que agir imediatamente para proteger a si mesma e a seus filhos. Se a situação é fisicamente perigosa, ela deve sair dessa situação com seus filhos enquanto é possível. Ela deve procurar o melhor para todos. Isto inclui o marido, ela mesma e todos os filhos envolvidos.

É importante saber que uma mulher não é um fracasso como esposa nem é desobediente a Deus, se ela der passos firmes para preservar sua vida, em uma situação abusiva.

Em seguida, a mulher deve tratar de converter as situações ruins em boas. Uma pessoa que sofre de câncer pode se submeter a tratamentos de radiação ou de quimioterapia, para evitar que o câncer se espalhe. Essa é uma maneira de limitar o dano. Mas se for possível removê-lo por meio de uma cirurgia, o oncologista optará em fazê-lo, de maneira que o paciente possa recuperar completamente a sua saúde.

Uma mulher que está 11 quilos acima do seu peso pode esforçar-se muito para evitar que este aumente. Porém, ela ainda continua com um sobrepeso de 11 quilos, o que é demais para o seu coração. Logo, ela deve transformar esta situação ruim em boa empenhando-se para perder estes quilos extras.

Abigail

O objetivo é fazer mais do que reduzir o prejuízo. Queremos transformar uma situação negativa em algo bom.

Abigail conseguiu deter com sucesso o exército de Davi, para que ele não exterminasse a casa de Nabal. Porém, para evitar que tivesse de repetir essa operação de resgate em outra situação, ela fez mais do que isso. Leia o que Abigail fez em seguida:

Voltou Abigail a Nabal. Eis que ele fazia em casa um banquete, como banquete de rei; o seu coração estava alegre, e ele, já mui embriagado, pelo que não lhe referiu ela coisa alguma, nem pouco nem muito, até ao amanhecer. Pela manhã, estando Nabal já livre do vinho, sua mulher lhe deu a entender aquelas coisas; e se amorteceu nele o coração, e ficou ele como pedra (vv.36,37).

Não foi suficiente evitar o perigo. Ela confrontou Nabal com respeito à sua maneira de lidar com a vida. Ele tinha que entender as consequências de seu comportamento reprovável.

Uma das coisas que vemos no versículo 36 é que Abigail escolheu o momento certo para falar com Nabal. Muitas vezes, quando confrontamos uma pessoa difícil, geralmente escolhemos o momento e o lugar errado para abordá-la. Abigail esperou sabiamente até o fim do banquete, quando o torpor da embriaguez havia passado e Nabal estava sóbrio.

Embora Abigail tivesse escolhido sabiamente o momento de falar, ela correu grandes riscos ao confrontá-lo. Lembre-se de que Deus o descreveu como um homem "duro e maligno" (v.3). E o servo disse que ele era tão perverso que não havia ninguém que pudesse falar com ele (v.17). Abigail não tinha certeza de que Nabal a escutaria. Ela não tinha como saber se ele ficaria furioso e se lhe faria algum mal. Mas ela sabia que deveria fazê-lo, mesmo que as coisas não terminassem bem.

Pelo menos para Nabal, não saíram bem. O impacto em saber o quão próximo estava da ira de Davi, lhe provocou um problema cardíaco. O texto bíblico não nos permite saber se isto ocorreu porque ele se irou com Abigail, pelo fato de ela ter se intrometido em seus assuntos, ou se ficou furioso porque Davi se saiu melhor do que ele. Talvez fosse simplesmente o terror por se dar conta de quão perto esteve da morte. Seja o que for que provocou o derrame ou o ataque cardíaco, acabou por ser fatal (v.38). Nabal morreu.

O texto bíblico não relata *de que forma* Abigail falou com Nabal, naquela fatídica manhã. Sabemos somente que ela lhe contou tudo o que tinha acontecido. Abigail deu o primeiro passo necessário para transformar uma situação ruim em uma melhor. E o confrontou com as consequências de seus atos.

Num relacionamento difícil, não tente simplesmente reduzir o prejuízo. Procure transformar uma situação negativa, ajudando a pessoa difícil de se conviver a ver o que está fazendo a si mesma e às pessoas importantes de sua vida. O amor, às vezes, tem que ser firme porque procura o que é o melhor para todos os envolvidos. Um homem que abusa de sua esposa ou com o qual é difícil de conviver, tem os seus próprios problemas. Estas dificuldades o impedem de ser a pessoa alegre e ativa que Deus planejou que fosse. Segundo as palavras do título do livro *Importe-se o bastante para confrontar* (Ed. Cristã Unida, 1996) de David Augsburger, o confronto é para redimir, não para destruir.

Muitas mulheres, confinadas em casamentos abusivos, pensam que a confrontação é quase impossível. E as razões são muitas. Com frequência, elas passam a crer nas repetidas afirmações do marido de que se elas fossem diferentes, eles as tratariam melhor. Ou, talvez elas tenham uma compreensão antibíblica sobre o que é submissão. Ou, a sua autoestima foi destruída e suas forças não são suficientes para resistir a agressão.

Para dar o indispensável passo de confrontar para que ocorra uma mudança, uma mulher vítima de abuso deve estar segura de seu próprio valor diante de Deus, de forma que a pessoa difícil não reduza a sua autoestima. A vida com Nabal não deve ter sido feliz. Todavia, Abigail não permitiu que o caráter maligno de seu marido a amargurasse. Esta mulher formosa e inteligente era suficientemente forte em seu interior, para suportar a irracionalidade de Nabal.

※

De que maneira a história de Abigail termina? No versículo 38, observamos que 10 dias depois da conversa que teve com Nabal, ele morreu. No versículo 39, descobrimos que Davi não perdeu tempo, uma vez que ouviu a notícia da morte daquele homem maligno. Ele propôs casamento a Abigail que, acompanhada por cinco servas, foi ao encontro do proponente e tornou-se sua esposa (v.42). Ela foi uma companheira adequada para o grande futuro rei de Israel.

A história de Abigail teve um final feliz, pelo menos isso é o que as Escrituras relatam; mas a história de Janete não terminou da mesma forma. Esta também não é a maneira como termina a história para muitas mulheres cristãs, confinadas em um casamento difícil. Muitas vezes, não somos liberadas da aflição, mas devemos aprender novas formas de lidar com a infelicidade e convertê-la em algo bom.

Vários meses depois daquele retiro recebi outra carta de Janete. Até então, usávamos o seu endereço de trabalho para nos correspondermos. Mas essa era a primeira carta que me dava o seu endereço de casa.

Eu lhe havia enviado algumas literaturas sobre abusadores e violência doméstica. Deixe-me compartilhar com você a carta de Janete, começando pela reação dela a um "teste" relacionado a violência que eu tinha incluído em uma das correspondências.

Ao revisar todos os materiais, creio que a parte mais atemorizante foi fazer o teste e perceber que o índice de violência revelava um nível perigoso. Nunca tinha refletido de forma tão clara, nem pensado nas perguntas específicas que foram feitas. Isso me deu sobriedade para ir mais longe...

Em junho e julho, o comportamento ou atitude de João tornou-se mais odioso e opressivo. Com mais frequência passou a envolver os filhos, algumas vezes culpando-os de seus ataques. Ele jogou um copo na pia com tanta força que havia cacos de vidro por toda a cozinha, os balcões e o chão. Então, ele queria que Miguel, nosso filho de 12 anos, os recolhesse. Não permiti que Miguel limpasse a bagunça que João havia feito, e ficou assim por dois dias. Sheila (11 anos) que estava fora de casa quando entrou perguntou: "Isto foi um acidente ou foi papai que ficou com raiva?" Eu lhe contei a verdade. Estêvão (9 anos) estava começando a ficar histérico toda vez que João levantava a voz, e isto o deixava mais furioso.

Permita-me interromper a carta de Janete por um momento. Um ano antes, ela não teria pensado em se opor a João quando ele mandou Miguel recolher os cacos de vidro. Ela não teria dito a verdade a Sheila sobre o vidro quebrado. Janete tinha gradualmente adquirido força interior para enfrentar o marido devido ao que ele estava fazendo. A carta continua:

Em meados de julho, envolvi outras pessoas, Carlos e Margarete... Sem que João soubesse disso, tirei uma tarde livre para conversar com eles. Margarete e eu já havíamos conversado. Carlos é um advogado na cidade e João o respeita muito em todos os sentidos. Eles têm sido amigos da igreja por anos. Como você poderia esperar, João se irou sobremaneira quando lhe disse, naquele mesmo dia, o que havia feito. Começou de novo com as mesmas acusações de traição. Eu agradeço a Deus pela coragem de ter falado outra vez.

Carlos, Margarete, João e eu nos reunimos uma vez por semana, durante duas ou três horas. A primeira sessão foi a pior, mas as últimas seis semanas têm sido maravilhosas. Carlos confronta a João com questões e ele não tem resistido em assumir seus erros. Com lágrimas, dor e tristeza, ele se comprometeu comigo de uma maneira diferente como nunca antes. Ele tem

Abigail

enfrentado o assunto como pecado e como algo totalmente inaceitável. Está se esforçando genuinamente por uma vida santa. As sessões são difíceis, devido às coisas tão dolorosas que temos que discutir, mas são muito produtivas. Mais uma vez tenho esperança.

As crianças sabem que vamos a estes encontros e também estão contentes. Até o espírito defensivo de Sheila melhorou no último mês. Existe ainda tanto trabalho a ser feito. Diariamente, ainda vejo reflexos da atitude "abaixo com as mulheres", mas eu tenho toda a liberdade de discutir com ele mais tarde ou quando estamos com Carlos e Margarete. João admitiu que não me dava liberdade alguma, pois tinha ciúmes até das conversas por telefone com outras mulheres. Ele não entende o porquê, mas agora já reconhece isso como algo disfuncional.

Alice, creio que há esperança. Por favor, continue a orar por mim. Sei que o caminho à frente não será sem solavancos e talvez eles sejam maiores ainda. Porém, tenho mais apoio e, portanto, a minha base é mais sólida e a de João também.

Por favor, continue a compartilhar com outras mulheres a necessidade de serem francas e de terem amigos, a vida não precisa ser somente suportada, mas pode ser vivida e apreciada. Espero com ansiedade para ver o que Deus tem para mim no amanhã. Por favor, sinta-se livre em compartilhar a minha vida com outros, se isso lhes ajudar. E mantenha-se em contato. Com amor, Janete.

Cada vez que leio a carta de Janete, me lembro da mulher aterrorizada que durante 13 anos não disse uma só palavra a ninguém, sobretudo o que sofria com um marido difícil. Agradeço a Deus pela coragem que ela encontrou para falar comigo. Fico ainda mais contente por ter coragem de buscar ajuda em sua cidade natal. Agora ela tem a esperança que há um ano não tinha.

Sou grata a Deus pelo que Janete e Abigail fizeram. Primeiro, Janete deu passos a fim de amenizar o dano provocado a ela e aos filhos. Abriu-se com uma amiga de confiança, o que tornou-se o início de um grupo de apoio local para ela. Com isso, adquiriu coragem para refutar as acusações irracionais de João e combater suas exigências egoístas.

Pouco a pouco, ela o obrigou a assumir a responsabilidade por suas ações. Agora, nas sessões semanais com João, Carlos e Margarete, ela continua o confronto que pode salvar seu casamento.

Você convive com um marido difícil? Tem uma amiga confinada em um casamento no qual a maltratam? Tome Abigail como um bom exemplo. Procure tirar o melhor proveito de uma situação ruim. Melhor ainda, procure converter o mal em bem. Permita que Deus trabalhe em e por meio de você, pelo Seu poder, a fim de recuperar um relacionamento ruim.

Questões para reflexão pessoal ou grupo de estudo

1. O que a Bíblia ensina a respeito da submissão?

2. De que maneira a submissão se aplica quando o marido é difícil ou abusivo?

3. A mulher de espírito submisso pode agir de forma independente?

4. Quais princípios bíblicos deveriam orientá-la?

Reflexão pessoal

A viúva de Sarepta

COMO ENFRENTAR TEMPOS DE ADVERSIDADE

QUANDO ERA PEQUENA, a minha parte favorita de qualquer conto de fadas era a última frase, depois que o belo príncipe havia resgatado a linda donzela e a levava para ver o pôr do sol. As histórias sempre terminavam da mesma forma: "E viveram felizes para sempre." Mas se podemos acreditar nas estatísticas, para a maioria das mulheres casadas, o "felizes para sempre" será apenas um conto de fada.

Um dos motivos para isso é que as mulheres vivem mais do que os homens. Nos Estados Unidos os homens vivem 75,4 anos e as mulheres 80,4 (N.E.: De acordo com o cálculo realizado pelo IBGE — Instituto Brasileiro de Geografia e estatística — em 2013, a média de vida dos homens brasileiros é de 71,3 anos, enquanto a média de vida das mulheres é de 78,6). Assim sendo, tenho que encarar o fato que, segundo as estatísticas, posso viver mais do que meu marido. Talvez tenha que terminar os meus dias sozinha, como viúva.

Talvez, outra razão pela qual o "felizes para sempre" não aconteça para algumas de nós, é que, de todas as mulheres que se casarem este ano, aproximadamente 50% acabará numa audiência de divórcio. Todas nós temos amigas que fazem malabarismos entre o necessário

A viúva de Sarepta

emprego, os filhos, impostos, consertos de casa e são, ao mesmo tempo, mães e pais, porque seus casamentos acabaram em divórcio. Em alguns casos, mulheres são pegas de surpresa ao descobrir que há outra mulher pela qual seu marido está abandonando a família. Em outros, elas finalmente encontram coragem para deixar um homem que abusa delas física ou emocionalmente. Pelo bem de sua segurança física e de sua sanidade, elas precisam sair desse relacionamento.

Tudo isso é para nos alertar de que a possibilidade do "felizes para sempre" pode ser mais remota do que gostaríamos de pensar.

Há alguns anos ministrei uma aula de estudo bíblico para mulheres, onde quase todas estavam passando pelos impactos do divórcio. Forjamos laços profundos entre nós ao clamarmos e orarmos juntas pelo trauma que a maioria estava atravessando. Uma delas, Joana, divorciada, com dois filhos adolescentes, batalhava para alimentar, vestir e dar casa aos seus meninos com um rendimento limitado. Quando penso nela, lembro-me de outra mulher sozinha, que também lutava para cuidar de seu filho. Sua história está registrada em 1 Reis 17.

Permita-me ambientá-la de modo que você entenda como eram difíceis os tempos em que essa mulher viveu e quase morreu. Se você está familiarizada com a história de Israel, sabe que após a morte de Moisés, Josué conduziu o povo de Deus na conquista de Canaã. Embora os israelitas tivessem visto a mão de Deus agindo em seu favor, lhes dando a terra mediante uma série de milagres, eles rapidamente deram as costas ao Senhor e aderiram a práticas pagãs das tribos vizinhas. De tempos em tempos, líderes devotos como Débora e Samuel despontavam no cenário e traziam o povo de volta para o seu Deus. Porém na maior parte do tempo, o povo estava afastado de Jeová, o Senhor Deus de Israel.

Então vieram os grandes reis de Israel — Davi e Salomão. Sob sua liderança, a nação se expandiu, enriqueceu e ficou mais forte. Após a morte de Salomão, entretanto, as tribos se dividiram em duas nações distintas: Israel ao norte e Judá ao sul. Particularmente o povo do norte, apressou-se em dar as costas à adoração a Jeová, o Senhor Deus de Israel, e se voltar à adoração de ídolos pagãos.

Nossa história começa durante o período de um rei do norte chamado Acabe. A Bíblia nos diz que "Fez Acabe, filho de Onri, o que era mau perante o SENHOR, mais do que todos os que foram antes dele" (1 REIS 16:30). Acabe casou-se com uma princesa estrangeira chamada Jezabel, que introduziu a adoração a Baal em Israel. Acabe também erigiu o *Asherah*, levando o autor bíblico a concluir que "Acabe [...] cometeu mais abominações para irritar ao SENHOR, Deus de Israel, do que todos os reis de Israel que foram antes dele" (v.33).

Quando passamos para 1 Reis 17, encontramos um dos personagens mais extraordinários da Bíblia, Elias, o tesbita, que era do leste do Rio Jordão, de Gileade. Elias era um profeta e a primeira vez que o escutamos, é quando leva uma palavra profética ao maligno rei Acabe:

Tão certo como vive o SENHOR, Deus de Israel, perante cuja face estou, nem orvalho nem chuva haverá nestes anos, segundo a minha palavra (1 REIS 17:1).

A Bíblia não relata como Elias conseguiu entrar no palácio em Samaria, ou o que o rei falou ao ouvir as palavras do profeta, ou se Jezabel estava presente. Apenas escutamos a profecia de Elias. Então o vemos seguir as instruções de Deus, saindo do palácio e seguindo para um esconderijo ao leste do Jordão, perto da torrente de Querite. Lá ele ficou, em um desfiladeiro coberto de mato, quando a seca começou. A Bíblia nos conta que Deus cuidou do profeta, enviando corvos com pão e carne todas as manhãs e tardes. Ele sobreviveu com a água da torrente, até que ela "secou, porque não chovia sobre a terra" (v.7).

E agora? Será que os corvos começariam a trazer para Elias também água? Não. Deus tinha outro plano. No versículo 9, lemos Sua ordem ao profeta:

A viúva de Sarepta

Dispõe-te, e vai a Sarepta, que pertence a Sidom, e demora-te ali, onde ordenei a uma mulher viúva que te dê comida.

Que *estranha* ordem de Deus! Ir para Sarepta, que pertence a Sidom? Sarepta era um vilarejo ligado à grande cidade de Sidom. Era um tipo de subúrbio da cidade natal de Jezabel. Elias estava escondido ao leste do Rio Jordão, numa mata impenetrável para evitar a ira de Acabe e Jezabel. Cruzar o território de Acabe e ir morar perto da cidade natal de Jezabel parecia muito arriscado. Mas era a estratégia de Deus para Elias.

É também estranho que Deus tenha prometido a Elias que uma *viúva* cuidaria dele. Uma viúva? Como uma viúva poderia ajudar o profeta?

Deus raramente faz uma coisa de cada vez. Ele não estava apenas cuidando de Elias. O passo seguinte do profeta, também envolvia a forma como Deus iria cuidar de uma viúva pobre numa terra estrangeira. Quando coisas que não fazem sentido acontecem em nossa vida, é provável que nós apenas não estejamos entendendo quantos complexos projetos Deus está tecendo, agindo não apenas em nossa vida, mas também na vida de outros.

Uma das coisas impressionantes sobre Elias é que ele fazia o que o Senhor mandava. Ponto. Não temos nenhum registro de que ele tenha argumentado com Deus ou que contornou a situação, deixando passar o tempo na esperança de que o Senhor mudasse de ideia e desse uma ordem mais razoável. Elias obedecia à palavra de Deus assim que a recebia. Então saiu a pé para Sarepta, uma viagem de cerca de 160 km. Se Acabe e Jezabel ofereceram um preço pela cabeça do profeta, ele provavelmente fez a viagem por estradas secundárias e caminhos montanhosos raramente usados.

Quando chegou perto da cidade de Sarepta, se encontrou com a viúva pobre.

Chegando à porta da cidade, estava ali uma mulher viúva apanhando lenha; ele a chamou e lhe disse: Traze-me, peço-te, uma vasilha de água para eu beber (1 REIS 17:10).

Uma viúva estava lá juntando lenha. Não há menção de nome. Nenhum detalhe é fornecido sobre sua idade, aparência ou situação na vida. Era apenas uma viúva apanhando lenha. E, sem dúvida, ela se assustou quando um homem estranho a chamou e pediu para lhe dar água para beber.

Elias devia estar com sede e com fome após sua longa viagem desde o leste do rio Jordão. Se Querite estava seca, então era possível que outras nascentes ao longo do caminho para Sidom também estivessem.

Observe que Elias sofria igualmente com a seca, como o maligno rei Acabe. Pessoas inocentes por toda Canaã sofriam. Gostaríamos de pensar que aquilo afetava apenas as pessoas más, e que as boas eram poupadas do sofrimento. Não é assim. Vivemos num mundo decadente, um mundo contaminado pelo pecado. *Todas* nós temos que conviver com as consequências de um mundo decaído. Todas nós vivenciamos coisas ruins que acontecem porque pessoas más tomam decisões ruins. Elias sofria. A viúva sofria. Centenas de pessoas sofriam, porque Acabe havia abandonado o Senhor seu Deus e introduzido a adoração a Baal em Israel.

Assim vemos um profeta cansado, faminto e sedento, pedindo ajuda a uma viúva que, curvada, apanhava alguns gravetos.

"Por favor, poderia me trazer algo para beber?"

Quando ela foi buscar água, ele a chamou: "E, por favor, me traga um pedaço de pão."

Veja o desenrolar do drama agora, quando nossa viúva sem nome fala pela primeira vez:

Tão certo como vive o SENHOR, teu Deus, nada tenho cozido; há somente um punhado de farinha numa panela e um pouco de azeite numa botija; e, vês aqui, apanhei dois cavacos e vou

A viúva de Sarepta

preparar esse resto de comida para mim e para o meu filho; comê-lo-emos e morreremos (v.12).

Elias! Você escutou o que ela disse? Essa mulher não apenas é uma pobre viúva, como também tem um filho para sustentar e cuidar! Não peça a essa pobre mulher a sua última porção de comida!

Elias, talvez você tenha pedido à viúva errada. Provavelmente essa não era a que Deus providenciou para sustentá-lo. Como poderia? Ela não tem nada! Ela e seu filho morrerão de fome após comerem essa última porção de pão que está preparando para assar.

Leia a resposta de Elias a ela:

*Elias lhe disse: Não temas; vai e faze o que disseste; mas primeiro faze dele para mim um bolo pequeno e traze-mo aqui fora; depois, farás para ti mesma e para teu filho. Porque assim diz o S*ENHOR*, Deus de Israel: A farinha da tua panela não se acabará, e o azeite da tua botija não faltará, até ao dia em que o S*ENHOR *fizer chover sobre a terra* (vv.13,14).

Que teste de fé essa viúva enfrentou! Ela tinha que tomar uma decisão rápida. Decidiria com base em quê? Ela era uma estrangeira. Provavelmente não cresceu ouvindo sobre o Deus de Israel. O que pensaria sobre a palavra de Elias de que o Senhor, o Deus de Israel, não deixaria a farinha da panela acabar, nem o azeite da botija secar? Naquele momento ela precisava decidir se acreditava na palavra de Deus por meio desse estranho e fazer o que ele havia solicitado, ou se ele era um louco e ignorar seu pedido. Lemos sua decisão no versículo 15:

*Foi ela e fez segundo a palavra de Elias; assim, comeram ele, ela e a sua casa muitos dias. Da panela a farinha não se acabou, e da botija o azeite não faltou, segundo a palavra do S*ENHOR*, por intermédio de Elias.*

Quando você pensa sobre a decisão da viúva de dividir sua última porção de comida com Elias naquele dia, o que acha que provocou essa ação?

Pode ter concluído que ela e o filho iriam morrer de qualquer forma, então poderiam também dividir aquele pouco que tinham com um estranho necessitado. Afinal, ela vivia no Oriente Médio, sob a obrigação de hospitalidade para com os estrangeiros.

Ou também pode ter sentido um forte ímpeto em sua alma de que o Senhor, o Deus de Israel, havia enviado esse profeta até ali. Naquele tempo, abrigar um profeta sob o teto de alguém era uma grande honra. Talvez algo bom *pudesse* resultar se ela desse o pouco que tinha a esse homem de Deus.

Ou ela pode ter se apegado à promessa de Elias, de que se desse o que tinha, o Deus de Israel iria cuidar das necessidades que ela e o filho tivessem enquanto durasse a seca. Foi pela fé que ela estendeu a mão à promessa?

Algumas vezes, quando não temos fé em nosso coração, outra pessoa de fé pode nos contagiar com a certeza de que Deus cuida de nós. A certeza de Elias sobre a promessa de Deus e em Sua habilidade de cumprir o prometido era forte. Talvez sua fé a tenha contagiado. Seja o que for que aconteceu, ela estava disposta a apostar sua vida e a de seu filho naquela palavra.

Não sabemos o que se passava na mente daquela viúva, naquele dia em Sarepta, há cerca de três mil anos. O que sabemos é que ela *agiu* sobre a palavra de Deus. Escutou a palavra do Senhor e a obedeceu. Fez o que Elias lhe pediu.

Algumas vezes, quando estamos contra a parede, precisamos decidir se obedecemos as Escrituras ou escolhemos fazer o que parece ser o melhor para nós. Isso é real, especialmente para uma mulher sozinha. Com frequência, os recursos são poucos e as necessidades grandes. Talvez precisemos atravessar os 31 dias do mês com um salário suficiente para 21 dias. Quando Deus nos pede para ir um pouco além e dividir o pouco que temos com alguém que precisa ainda mais, pode

A viúva de Sarepta

ser difícil decidir obedecer. Devemos fazer o que Deus nos pede, ou devemos guardar o pouco que temos para nós?

Da próxima vez que você estiver tentada a ignorar a Palavra de Deus e optar pela autoproteção, lembre-se da viúva de Sarepta. O que teria acontecido a ela e a seu filho naquele dia, se tivesse se recusado a obedecer a Palavra do Senhor?

Se a história terminasse aqui, poderíamos concluir que as coisas funcionam para nós quando escolhemos confiar na Palavra de Deus, e que Ele coloca um profeta em nosso caminho e realiza um milagre. Afinal, pelo fato de a viúva ter escolhido dividir o pouco que tinha com o mensageiro do Senhor, todos os dias, enquanto durou a seca, havia farinha na panela e azeite na botija. Todos os dias ela, seu filho e o profeta tinham pão para comer. Deus proveu suas necessidades físicas.

Mas esse não é o final da história. Veja o restante dela:

Depois disto, adoeceu o filho da mulher, da dona da casa, e a sua doença se agravou tanto, que ele morreu. Então, disse ela a Elias: Que fiz eu, ó homem de Deus? Vieste a mim para trazeres à memória a minha iniquidade e matares o meu filho?

*Ele lhe disse: Dá-me o teu filho; tomou-o dos braços dela, e o levou para cima, ao quarto, onde ele mesmo se hospedava, e o deitou em sua cama; então, clamou ao S*ENHOR *e disse: Ó* S*ENHOR, meu Deus, também até a esta viúva, com quem me hospedo, afligiste, matando-lhe o filho? E, estendendo-se três vezes sobre o menino, clamou ao* S*ENHOR e disse: Ó* S*ENHOR, meu Deus, rogo-te que faças a alma deste menino tornar a entrar nele.*

O S*ENHOR atendeu à voz de Elias; e a alma do menino tornou a entrar nele, e reviveu. Elias tomou o menino, e o* *trouxe do quarto à casa, e o deu a sua mãe, e lhe disse: Vê, teu filho vive.*

Então, a mulher disse a Elias: Nisto conheço agora que tu és homem de Deus e que a palavra do Senhor na tua boca é verdade (1 REIS 17:17-24).

Esse é o fim da história. Não escutamos mais falar dessa viúva sem nome. Mas antes que a deixemos, podemos nos beneficiar examinando esse segundo grande teste de fé em sua vida.

No primeiro momento com Elias, ela foi testada na área de suas necessidades imediatas — comida para a próxima refeição. Agora, neste segundo incidente, estava sendo testada com relação ao seu futuro. Seu filho estava lhe sendo tirado. Esse era o rapaz que cuidaria dela em sua velhice, que a sustentaria quando não pudesse mais fazê-lo. Seu futuro estava envolto nele. Agora ele tinha morrido.

No primeiro teste ela precisou tomar uma decisão e *agir*. No segundo, não havia decisões a tomar. Não havia nada que pudesse fazer. Estava totalmente indefesa diante desse desastre.

A vida nos vem das duas formas, não é? Algumas vezes podemos tomar decisões e agir, e provisionar para o dia seguinte, o mês seguinte ou para o próximo ano. Outras vezes, somos confrontados com tragédias que nos deixam indefesas e incapazes de agir. Não há absolutamente nada que possamos fazer. Esse era o caso da viúva de Sarepta.

Contudo, Deus não a havia deixado sem recursos. Ela tinha a presença do Senhor na pessoa de Elias, Seu profeta. E Elias, um homem próximo de Deus e de grande fé, intercedeu pela viúva quando ela não tinha mais para onde ir. O Senhor ouviu a oração do profeta e restaurou a vida do filho da viúva.

Foi outro milagre. Suas necessidades diárias foram supridas com um milagre — a panela de farinha e a botija de azeite que não faltaram. Agora suas necessidades futuras foram supridas com outro milagre — a ressurreição de seu filho.

A viúva de Sarepta

Deus não costuma suprir nossas necessidades com milagres óbvios. Mas o fato de não vermos um profeta como Elias, ou vivenciarmos intervenções sobrenaturais dramáticas, não significa que Deus não esteja preocupado com nossa vida e necessidades.

Uma tarde, quando morávamos em Viena, Áustria, meu marido, Randy, ligou para casa enquanto estava fazendo uma visita pastoral. Uma família de nossa igreja havia acabado de se mudar naquele dia e não tinha conseguido ligar o fogão para fazer o jantar. Poderíamos alimentá-los aquela noite?

"É claro," respondi. Então fui para a cozinha ver o que havia para alimentar quatro adultos e dois adolescentes com enorme apetite. Havia carne suficiente para o prato principal e bastante legumes frescos para uma salada. Mas não tinha batatas. Nem massa. Apenas uma xícara de arroz. Os mercados já estavam fechados. O que tínhamos teria que ser suficiente.

Enchi a maior panela que tinha com água e coloquei para ferver. Então segurei a xícara de arroz acima da água fervente e orei: "Senhor, essa única xícara de arroz precisa alimentar Reid, Bette, Brad e Reidy, Randy e eu." Com um pouco de fé, muita dúvida, e alguma resignação porque não tinha nada mais em casa para cozinhar, derramei o arroz na água, coloquei a tampa na panela e fui preparar o restante da refeição.

Naquela noite tivemos um momento ótimo com nossos convidados. O arroz encheu minha maior travessa. Todos ficaram satisfeitos. Sobrou arroz.

Eu não sei o que aconteceu dentro da panela naquela noite. O que sei é que Deus usou nossos recursos para fazer o Seu trabalho e algum pequeno milagre aconteceu.

Agora, ouça-me bem. Não estou defendendo que devemos deixar nosso cérebro de lado e negligenciarmos o nosso simples dever de trabalhar para que nossas necessidades diárias sejam supridas. Mas sei que algumas vezes, quando já fizemos todo o possível e Deus nos pede mais alguma coisa, Ele proverá.

Cozinho arroz com frequência. Consigo a quantidade exata de arroz cozido que o pacote informa de acordo com a quantidade de arroz cru que coloco na panela. Isso porque Deus já me forneceu os meios para comprar mantimentos. Não nos falta! O Senhor normalmente trabalha por meio dos empregos que Ele fornece e do uso inteligente de nossos recursos. Mas quando estamos contra a parede, quando parece que não temos saída para nosso dilema, Deus está lá no dilema e nos verá através dele.

Você percebeu o que aconteceu com a fé da viúva em 1 Reis 17? No versículo 12 ela disse "o SENHOR, teu Deus." Não era o Deus dela. Mas de alguma forma, ela teve fé suficiente para agir a partir da declaração de Elias de que o Senhor, o Deus de Israel, iria prover para eles todos os dias, enquanto durasse a seca.

Entretanto, quando seu filho morreu, a viúva acusou Elias de vir para lembrá-la de algum pecado do passado e para puni-la, tirando-lhe o filho (v.18). Chamou-o de mensageiro da vingança de Deus. Ela realmente não entendia que ele era também um mensageiro do amor de Deus.

Suas necessidades imediatas foram cuidadas e seu futuro foi garantido quando seu filho voltou à vida. Então, a viúva fez a seguinte declaração de fé que fecha o capítulo 17: "Nisto conheço agora que tu és homem de Deus e que a palavra do SENHOR na tua boca é verdade" (v.24).

Se essa mulher nunca tivesse sido provada, sua fé não teria crescido. Sua compreensão de quem é Deus não teria progredido. Teria continuado ignorante e incrédula.

É por meio das terríveis provas da vida — testes nos quais precisamos tomar decisões difíceis e vezes nas quais não temos decisão alguma a tomar — é nesses momentos críticos que a fé cresce.

Na maior parte do tempo não *vemos* Deus agindo. Raramente vivenciamos Seus milagres evidentes e dramáticos. A panela de farinha

A viúva de Sarepta

realmente é usada. A botija de azeite fica vazia. Nosso futuro nos é tirado de uma forma ou de outra. Podemos ficar desprovidos de tudo o que consideramos importante. Podemos ser privados de tudo o que dá sentido a nossa vida. Mas, como a viúva de Sarepta, quando estamos contra a parede, não estamos sós. Podemos nos *sentir* sós. Porém, com fé — algumas vezes fé emprestada de alguém — começamos a perceber que Deus *está* ali. Talvez nas sombras. Mas Ele continua cuidando dos Seus.

Pondere as palavras de nosso Senhor Jesus Cristo:

Por isso, vos digo: não andeis ansiosos pela vossa vida, quanto ao que haveis de comer ou beber; nem pelo vosso corpo, quanto ao que haveis de vestir. Não é a vida mais do que o alimento, e o corpo, mais do que as vestes? Observai as aves do céu: não semeiam, não colhem, nem ajuntam em celeiros; contudo, vosso Pai celeste as sustenta. Porventura, não valeis vós muito mais do que as aves? Qual de vós, por ansioso que esteja, pode acrescentar um côvado ao curso da sua vida?

E por que andais ansiosos quanto ao vestuário? Considerai como crescem os lírios do campo: eles não trabalham, nem fiam. Eu, contudo, vos afirmo que nem Salomão, em toda a sua glória, se vestiu como qualquer deles. Ora, se Deus veste assim a erva do campo, que hoje existe e amanhã é lançada no forno, quanto mais a vós outros, homens de pequena fé? Portanto, não vos inquieteis, dizendo: Que comeremos? Que beberemos? Ou: Com que nos vestiremos? Porque os gentios é que procuram todas estas coisas; pois vosso Pai celeste sabe que necessitais de todas elas; buscai, pois, em primeiro lugar, o seu reino e a sua justiça, e todas estas coisas vos serão acrescentadas (MATEUS 6:25-33).

A vida se resume à nossa perspectiva, não é? O Deus que viu uma pobre viúva pagã num poeirento vilarejo costeiro chamado Sarepta, também vê você e a mim. Deus a ensinou sobre si mesmo, levando-a ao limite dela própria e de seus recursos. Com frequência Ele nos ensina a confiar mais nele quando chegamos ao limite de nós mesmas e de nossa autossuficiência.

Quando se acabam os recursos e ficamos contra a parede, o Deus de Elias e da viúva de Sarepta é ainda nosso Deus. Ele está ali. Podemos confiar e não ter medo.

Questões para reflexão pessoal ou grupo de estudo

1. Como você administra a vida quando tem um salário suficiente para 21 dias que precisa esticar ao longo de um mês de 31 dias?

2. Como Deus entra em cena quando as coisas não estão indo bem?

3. Que recursos espirituais você pensa que existem, mas que acredita serem difíceis explorar?

4. O que imagina que faria diferença para ajudá-la a confiar mais em Deus quando as coisas estão difíceis?

Reflexão pessoal

Hulda e Miriã

COMO USAR SEUS DONS ESPIRITUAIS COM SABEDORIA

VOCÊ TEM UMA AMIGA ou um parente que mora numa cidade distante, para quem envia presentes de aniversário ou de Natal? Se você se importa com essa pessoa, provavelmente passará muito tempo escolhendo os presentes para mandar. Também pode ler dúzias de encartes de loja, procurando algo perfeito para lhe enviar.

Vamos assumir que você tem enviado cartões e presentes para essa amiga especial ao longo dos últimos dez anos. Agora apareceu uma oportunidade para visitá-la após todo esse tempo. Sua mente está cheia de todas as coisas que quer fazer quando chegar, mas também espera encontrar seus presentes na casa dela.

Depois dos entusiasmados cumprimentos no aeroporto, você se descobre ansiosa para chegar à casa dela. Quando entra, dá uma olhada discreta pela sala de estar, pela de jantar, cozinha, banheiro. Não vê nenhuma das coisas que comprou e embrulhou com tanto cuidado ao longo dos anos. Nenhum sinal da almofada bordada que passou meses fazendo. Nem da xícara de porcelana que você sabia que ela ia amar.

Quando abre o guarda-roupa do quarto de hóspedes, entretanto, os encontra. Todos os seus pacotes ainda estão embrulhados em papel pardo, enfileirados numa de suas prateleiras.

Hulda e Miriã

Como você se sente? O que pensa dessa amiga por quem investiu tanto tempo, atenção e dinheiro?

Todas nós sabemos que tal situação é provável que não aconteça. Quando presentes chegam, a maioria de nós rasga imediatamente o papel que o envolve para ver o que um amigo atencioso nos mandou.

É possível que ao recebermos presentes maravilhosos de alguém, os deixemos sem abrir? É possível negligenciar os dons que Deus nos concede, deixando-os empilhados na prateleira de nossa vida — fechados, sem usar? Recebemos dons espirituais que nunca nos preocupamos em desembrulhar? Ou talvez os tenhamos desembrulhado, mas por não sabermos o que fazer com eles, os depositamos numa prateleira do guarda-roupa no quarto de hóspedes.

Diversas mulheres do Antigo Testamento receberam dons espirituais. Ao olharmos duas delas, que usaram seus dons, talvez aprendamos a desembrulhar e usar nossos dons com sabedoria.

Hulda

Em 2 Reis 22 conhecemos uma mulher notável chamada Hulda. Ela viveu em Jerusalém em um momento crítico da história de Israel. Os grandes reis, Davi e Salomão, tinham saído de cena. A nação estava dividida em dois grupos rivais. As dez tribos do norte se autodenominavam "Israel," e as duas tribos no sul eram conhecidas como "Judá". Tanto no norte como no sul, a idolatria, a adoração a Baal, rituais de prostituição e de sacrifício humano haviam adentrado ao culto religioso do povo. O Senhor Deus de Israel algumas vezes era visto apenas como um deus entre muitos. Outras vezes simplesmente não era cultuado. Os líderes de Israel eram tão maus que, em 722 a.C., as dez tribos do norte foram capturadas pelos assírios e levadas para o exílio ao leste do Rio Eufrates. No sul, a pequena nação de Judá rechaçou invasores. Mas foi apenas uma questão de tempo até, também, ser capturada. A maioria dos reis de Judá eram homens maus, e a nação era corrupta.

Em meio a isso, nasceu um príncipe chamado Josias. Seu avô, Manassés, tinha sido um dos reis mais perversos de Judá. Seu pai, Amom, não era muito melhor e foi assassinado por seus servos, quando Josias tinha 8 anos.

Esse menino, de apenas 8 anos, de repente se viu no trono de Judá. Entretanto, uma coisa boa aconteceu. De alguma forma, talvez com sua mãe, Jedida, ou com seus tutores, Josias aprendeu a andar na lei do Senhor Deus e a seguir o exemplo de seu ancestral, o rei Davi. Dentre gerações de governantes totalmente corruptos, surge um garoto, cujo coração estava direcionado para Deus.

Quando Josias tinha 26 anos, e já estava reinando há 18, ordenou que fossem feitas restaurações no grande templo que Salomão havia construído. A casa de Deus havia sido profanada por cultos pagãos e estava em ruínas. A quantidade de trabalho a ser feito era estarrecedora, mas o dinheiro havia sido coletado para esse propósito, e Josias mandou que as obras começassem. Carpinteiros, pedreiros e construtores avançaram para o templo. Madeiras e pedras entalhadas foram rebocadas para o trabalho.

Durante toda essa atividade, um trabalhador tropeçou num antigo pergaminho. O que era aquilo? O que dizia? Qual o seu significado? Ninguém sabia. Mesmo Hilquias, o sumo sacerdote, não conhecia o significado desse escrito sagrado. Ele informou o achado a Safã, o secretário, e Safã informou a Josias, o rei.

Quando Josias ouviu as palavras do pergaminho que Safã leu, sua reação foi imediata. Ele rasgou suas roupas e ordenou que todos que estivessem bem próximos descobrissem algo sobre aquele livro. Seja o que for que Safã tenha lido para Josias, falava claramente da destruição que Deus iria trazer ao Seu povo se ele se afastasse de Seu caminho. Não havia dúvida na mente de Josias que, se aquilo tudo fosse verdade, seu reino corria grande perigo. Leia sobre a sua reação:

Ide e consultai o Senhor por mim, pelo povo e por todo o Judá, acerca das palavras deste livro que se achou; porque grande é o

Hulda e Miriã

furor do Senhor que se acendeu contra nós, porquanto nossos pais não deram ouvidos às palavras deste livro, para fazerem segundo tudo quanto de nós está escrito (2 REIS 22:13).

Josias estava assustado. Mas ele também era um homem de ação. Ordenou a todos os líderes do reino que descobrissem o que esse livro significava. Para fazer isso, teriam que encontrar um profeta, alguém que pudesse discernir o significado por trás das palavras escritas.

Uma quantidade de profetas vivia em Jerusalém naquele tempo. Em Jeremias 1:2, ficamos sabendo que Jeremias vinha recebendo mensagens proféticas de Deus para Judá há pelo menos cinco anos, na época em que o pergaminho foi encontrado. Em Sofonias 1:1, descobrimos que este profeta também estava profetizando em Judá durante o reinado de Josias. Não parece estranho então que, em 2 Reis 22:14 lemos que Hilquias, o sacerdote, e o restante dos conselheiros do rei tenham procurando uma *mulher* para explicar a palavra do Senhor? Procuraram Hulda, uma profetisa que era esposa de Salum, que cuidava do guarda-roupa real.

Algumas vezes ouvimos declarações de que Deus é forçado a usar mulheres para fazer o trabalho de homens quando estes não estão disponíveis. Pessoas usam essa argumentação para justificar o trabalho as que mulheres realizam no campo missionário. É difícil sustentar essa ideia a partir do nosso texto. Havia profetas homens em Jerusalém, mas Deus havia concedido um dom espiritual especial a Hulda, e Ele a usou para enviar Sua mensagem ao sumo sacerdote e ao rei.

Sabemos muito pouco sobre Hulda. O versículo 14 nos diz que ela vivia na cidade baixa de Jerusalém. A versão britânica da Bíblia *King James* traduz como sendo "na faculdade." Em alguns mapas antigos de Jerusalém, a cidade baixa (ou "bairro novo", segundo a NTLH) é chamada de bairro universitário, e a tradição judaica nos diz que Hulda provavelmente era uma professora.

O que sabemos sobre ela é que era uma profetisa. Ela recebia a palavra de Deus e a transmitia para homens e mulheres. O fato de Hilquias, o sumo sacerdote, e os outros servos do palácio terem procurado por ela sem hesitação, nos diz que era bem conhecida por seu discernimento e devoção. Ela podia ser confiável para lhes falar as palavras de Deus com nitidez, clareza e precisão.

Que palavras Deus lhe deu? Veja o que Hulda disse àquele impressionante grupo de homens do palácio:

Assim diz o Senhor, o Deus de Israel: Dizei ao homem que vos enviou a mim: Assim diz o Senhor: Eis que trarei males sobre este lugar e sobre os seus moradores, a saber, todas as palavras do livro que leu o rei de Judá. Visto que me deixaram e queimaram incenso a outros deuses, para me provocarem à ira com todas as obras das suas mãos, o meu furor se acendeu contra este lugar e não se apagará. Porém ao rei de Judá, que vos enviou a consultar o Senhor, assim lhe direis: Assim diz o Senhor, o Deus de Israel, acerca das palavras que ouviste: Porquanto o teu coração se enterneceu, e te humilhaste perante o Senhor, quando ouviste o que falei contra este lugar e contra os seus moradores, que seriam para assolação e para maldição, e rasgaste as tuas vestes, e choraste perante mim, também eu te ouvi, diz o Senhor. Pelo que, eis que eu te reunirei a teus pais, e tu serás recolhido em paz à tua sepultura, e os teus olhos não verão todo o mal que hei de trazer sobre este lugar. Então, levaram eles ao rei esta resposta (vv.15-20).

Uma coisa está clara: Hulda não mediu palavras. Ela falou de um jeito forte, decisivo e foi direto ao ponto. Não suavizou a mensagem do Senhor com desculpas. Não se recusou a responder por ser mulher ou por não querer ofender os homens. Hulda simplesmente usou seu dom. Ponto.

Outra coisa evidente na mensagem de Hulda é que vinha do Senhor, o Deus de Israel. Ela destacou isso em suas palavras proféticas: "Assim diz o Senhor, o Deus de Israel... Assim diz o Senhor, o Deus de Israel, acerca das palavras que ouviste." Ela sabia que Deus estava falando por seu intermédio. Ela não enrolou, dizendo: "Bem, se vocês querem a minha opinião sobre esse pergaminho" ou, "Minha ideia sobre esse livro é...". Ela sabia que era a porta-voz de Deus.

O sumo sacerdote Hilquias e as demais pessoas do palácio também sabiam disso. Elas não ficaram discutindo se deveriam buscar uma segunda opinião. Levaram a mensagem ao rei. E por ter acreditado que a mensagem de Hulda era de Deus, o rei instituiu uma reforma religiosa em Judá, que foi a mais arrebatadora durante os séculos dos reinos divididos.

Não ouvimos falar novamente de Hulda, a profetisa. Em uma cena dramática, ela esteve no palco por um instante, e então saiu. Porém, ela se destaca como uma mulher distinta que usou os dons espirituais que Deus lhe concedeu para o benefício de uma nação.

Miriã

A segunda profetisa que queremos destacar é Miriã. Encontramos esta mulher em três momentos importantes de sua vida; a vemos como uma líder forte, com uma mente ágil e criativa. Comecemos por Êxodo 2:1-10, onde a vemos num cenário bem conhecido:

> *Foi-se um homem da casa de Levi e casou com uma descendente de Levi. E a mulher concebeu e deu à luz um filho; e, vendo que era formoso, escondeu-o por três meses.*
>
> *Não podendo, porém, escondê-lo por mais tempo, tomou um cesto de junco, calafetou-o com betume e piche e, pondo nele o menino, largou-o no carriçal à beira do rio. A irmã [Miriã]*

do menino ficou de longe, para observar o que lhe haveria de suceder.

Desceu a filha de Faraó para se banhar no rio, e as suas donzelas passeavam pela beira do rio; vendo ela o cesto no carriçal, enviou a sua criada e o tomou. Abrindo-o, viu a criança; e eis que o menino chorava. Teve compaixão dele e disse: Este é menino dos hebreus.

Então, disse sua irmã à filha de Faraó: Queres que eu vá chamar uma das hebreias que sirva de ama e te crie a criança?

Respondeu-lhe a filha de Faraó: Vai. Saiu, pois, a moça e chamou a mãe do menino. Então, lhe disse a filha de Faraó: Leva este menino e cria-mo; pagar-te-ei o teu salário. A mulher tomou o menino e o criou. Sendo o menino já grande, ela o trouxe à filha de Faraó, da qual passou ele a ser filho.

Essa conhecida história sobre Moisés escondido entre os juncos é a que a maioria de nós ouviu em classes bíblicas quando éramos crianças. Aprendemos como a corajosa e engenhosa irmã mais velha, Miriã, salvou a vida do grande líder e legislador de Israel.

Pense na coragem que a jovem escrava hebreia precisou ter para ir até a princesa, a filha do hostil governante, e sugerir que ela tivesse permissão para correr e encontrar uma babá para esse bebezinho hebreu. Imagine a mente alerta que permitiu a Miriã elaborar um plano que não apenas iria salvar seu irmãozinho da morte, como também permitiria que sua própria mãe cuidasse dele na frente de todos.

Miriã tinha vigorosos dons naturais. Porém, ela tinha algo mais. Observe-a oito anos mais tarde:

*A profetisa Miriã, irmã de Arão, tomou um tamborim, e todas as mulheres saíram atrás dela com tamborins e com danças. E Miriã lhes respondia: Cantai ao S*ENHOR*, porque gloriosamente triunfou e precipitou no mar o cavalo e o seu cavaleiro*
(ÊXODO 15:20,21).

Hulda e Miriã

Moisés, após 40 anos no palácio egípcio, e depois 40 anos no deserto de Midiã, se tornou o resistente porta-voz do Senhor, o Deus de Israel. Ele confrontou o governante do Egito não uma, mas dez vezes, exigindo a libertação do povo hebreu. Deus venceu o Faraó com uma série de milagres, e agora os israelitas estavam na margem leste do mar Vermelho. Após séculos de escravidão, estavam livres... estavam salvos.

Enquanto Moisés e todo o povo entoavam cânticos de louvor a Deus por tê-los libertado dramaticamente do poder dos egípcios, Miriã guiou as mulheres, cantando e dançando. Foi uma cena maravilhosa! Deve ter sido o ponto alto da vida de Miriã, a profetisa!

Não sabemos muito sobre como ela usou seu dom espiritual como profetisa. O que sabemos, é que Deus lhe deu um papel de liderança na nação de Israel. O profeta Miqueias nos conta sobre isso: "Pois te fiz sair da terra do Egito e da casa da servidão te remi; e enviei adiante de ti Moisés, Arão e Miriã" (6:4).

Miriã trabalhou com seus dois irmãos guiando o povo de Deus. Não sabemos as especificações de sua função na liderança. Sabemos apenas que ela era mais do que apenas a irmã de dois irmãos famosos. Ela era parte da equipe.

Seria bom fechar o texto sobre Miriã enquanto ela era bem-sucedida. Mas não podemos fazer isso. Precisamos seguir para a cena três.

Falaram Miriã e Arão contra Moisés, por causa da mulher cuxita que tomara; pois tinha tomado a mulher cuxita. E disseram: Porventura, tem falado o Senhor *somente por Moisés? Não tem falado também por nós? O* Senhor *o ouviu* (NÚMEROS 12:1,2).

Alto lá! Em vez de se manter na equipe de Moisés, Miriã e Arão voltaram-se contra ele. Observe cuidadosamente o que estava acontecendo.

O assunto da reclamação deles era que Moisés havia se casado com uma mulher cuxita. Pode ter sido que Zípora, sua primeira esposa, filha de Jetro, tivesse morrido e ele, se casado novamente. Isso não fica claro no texto. O que está claro é que uma cuxita não é uma hebreia. Cuxe era a terra ao sul do Egito. Essa mulher não era "um deles." Era uma estrangeira.

Perceba que, se por um lado o assunto de sua reclamação era o casamento de Moisés com essa mulher de Cuxe, as perguntas que fazem entregam o real descontentamento deles: "Porventura, tem falado o Senhor somente por Moisés? Não tem falado também por nós?"

O que isso parece? Seria possível que tais pessoas tão sintonizadas espiritualmente — um sumo sacerdote e uma profetisa — estivessem com inveja? Com ciúmes? Aparentemente, foi o que Deus pensou. Observe como o Senhor reagiu a eles:

Ouvi, agora, as minhas palavras; Ele disse:
Se entre vós há profeta,
eu, o Senhor, em visão a ele, me faço conhecer
ou falo com ele em sonhos.
Não é assim com o meu servo Moisés,
que é fiel em toda a minha casa.
Boca a boca falo com ele,
claramente e não por enigmas;
pois ele vê a forma do Senhor;
como, pois, não temestes falar contra o meu servo,
contra Moisés? (NÚMEROS 12:6-8).

Deus decidiu que era hora de deixar claro para Miriã e Arão que, embora tivessem dons, poderes e prestígio espirituais, não estavam na mesma categoria de Moisés. Miriã podia ter visões e sonhos como profetisa, mas Deus lidava com Moisés de forma muito mais direta do que isso.

Essa brilhante mulher estragou tudo. Deixou que sua ambição egoísta a privasse do seu melhor. E Deus a colocou na linha, porque Ele não considera a arrogância e a presunção pecados pequenos.

Hulda e Miriã

A partir do momento que olho para alguém na liderança e começo a me comparar e aos meus dons com os que Deus deu a ela, me abro para a inveja e ambição egoísta. Um dos escritores do Novo Testamento, Tiago, fala não somente sobre o perigo desse tipo de pensamento, mas também da fonte por trás dele. Leia seu conselho:

> *Quem entre vós é sábio e inteligente? Mostre em mansidão de sabedoria, mediante condigno proceder, as suas obras.*
> *Se, pelo contrário, tendes em vosso coração inveja amargurada e sentimento faccioso, nem vos glorieis disso, nem mintais contra a verdade. Esta não é a sabedoria que desce lá do alto; antes, é terrena, animal e demoníaca. Pois, onde há inveja e sentimento faccioso, aí há confusão e toda espécie de coisas ruins*
> (TIAGO 3:13-17).

Miriã teve problemas em aceitar a posição que Deus determinou para ela. Tinha um lugar de destaque em Israel. Era um dos três líderes da nação. Possuía um dom espiritual significativo. Mas perdeu sua perspectiva, insultou seu irmão Moisés e, por tabela, insultou a Deus.

Milton, poeta inglês, comentou que o inferno é uma democracia, enquanto que o céu é uma teocracia. Ninguém vota em Deus. Anjos não decidem que papéis querem desempenhar, se serão serafins ou querubins. O Senhor toma essas decisões.

É o mesmo conosco. Ele é o mesmo Deus que nos concede dons e determina o lugar onde os usamos. Ele sabe que talentos necessitamos e como melhor podemos nos encaixar nos planos de Seu reino. Desenvolvemos uma mentalidade perigosa quando decidimos que somos melhores juízes de nossos talentos, lugar e serviço, do que Deus o é.

Esta mulher negligenciou ou ignorou isso, e Deus lidou com ela de forma rápida e certeira. Ela ficou leprosa — a doença mais repugnante conhecida no mundo antigo. Adquiriu a enfermidade contagiosa, e agora precisava ficar em quarentena, separada dos israelitas.

Foi afastada pelas próprias pessoas que havia impressionado, anteriormente, por sua posição.

Incomoda-a o fato de que, conforme esse relato em Números 12, apenas Miriã tivesse sido acometida de lepra, embora Arão também tenha reclamado contra Moisés? Parece justo?

Observe no versículo 1 qual o nome que vem primeiro: Miriã. O texto em hebraico na verdade relata, "Miriã e Arão, *ela* começou a falar contra Moisés." Miriã encabeçou isso. (Talvez Arão tenha sido mais uma vez o homem maleável, como havia sido no monte Sinai, quando deixou que o povo o convencesse a fazer o bezerro de ouro.) Na punição de Miriã, vemos como era grande seu prestígio. Àqueles a quem mais foi dado, Jesus nos lembra, mais será cobrado. Miriã era a pessoa mais forte. Ela mereceu uma punição mais severa.

Em Números 12 nos inteiramos sobre como a história termina. Durante sete dias Miriã ficou exilada fora do acampamento israelita. Durante sete dias todo o avanço em direção à Terra Prometida ficou em suspenso. Durante sete dias o povo de Deus esperou. Miriã havia interpretado mal seus dons e seu chamado, e nesse processo, ela prejudicou o progresso do povo de Deus. Somente depois de ter sete dias para pensar sobre as coisas e corrigir seu comportamento, Deus ouviu a oração de Moisés e a curou.

Dons espirituais vêm de Deus, e Ele quer que nós os usemos.

Com Hulda, aprendemos que ao recebermos dons espirituais do Senhor, devemos usá-los sem modéstia excessiva, sem desculpas, sem rodeios. Com Miriã, aprendemos que quando recebemos dons espirituais de Deus, não podemos usá-los mal sem trazer prejuízos ao Seu povo.

Deus nos deu esses talentos. O céu não é uma democracia onde somos chamados a votar em nossos dons. Recebemos aquilo que o Deus soberano e bondoso nos concede. E, quaisquer que sejam os talentos que temos, devemos usá-los com o espírito certo ou podemos causar mais estragos do que coisas boas.

Como você se sente com relação aos dons espirituais que Deus lhe deu? Está confortável com eles? Talvez tenha talentos que a intrigam. Seu dom é ensinar? Onde pode usá-lo? Comece usando-os nas oportunidades que Deus lhe concede. Aprenda com o erro de Miriã e não superestime o seu dom. Não insista em usar seus dons apenas em lugares de liderança evidente. Talvez Deus queira que use esse talento com crianças de 3 anos por um tempo. Experimente seus dons onde o Senhor lhe abrir portas. Comece onde lhe é permitido começar. Quando tiver comprovado seu dom num lugar, outra porta se abrirá.

O primeiro passo que todas nós devemos dar, é aceitar que Deus nos deu talentos para beneficiar o Seu povo. Precisamos tirá-los da prateleira de nossa vida, desembrulhá-los e colocá-los em uso. Não devemos usá-los com ambição egoísta, mas humildemente, para a glória de Deus. Com uma atitude santa, e vontade de usar nossos dons livre e plenamente, ficaremos maravilhadas com tudo o que Ele pode fazer através de nós.

Ou talvez pense que Deus cometeu um erro e deu-lhe um dom que sabe que não pode usar. Mas se você crê que o Senhor é soberano e bondoso, então deve crer que Ele pretende usar esse dom, mesmo que neste momento você pense que não tem aptidão ou interesse nele. O problema pode ser, simplesmente, uma questão de prática para desenvolver a habilidade no uso desse dom.

Durante muitos anos, ensinei pequenos dedinhos a tocar piano, então sei que a prática leva à perfeição. O inverso também é verdadeiro: Prática nenhuma produz música muito imperfeita. Tenho dois amigos pianistas que hoje são concertistas. Ambos iniciaram os estudos de piano com as mesmas músicas tocadas com dois dedos e intermináveis escalas. Chegaram onde estão hoje porque gostavam de música o suficiente para mergulhar em infindáveis horas de prática.

Da mesma forma, muitos dons espirituais precisam ser afinados com horas de prática antes de nos sentirmos confortáveis para usá-los.

Praticamos para nos tornarmos habilidosas no uso de nossos talentos. Podemos esperar encontrar atalhos para nos tornarmos hábeis no serviço do Senhor? Não. A prática leva à perfeição.

Quando usamos nossos dons para o povo de Deus, o Seu poder trabalhará por intermédio de nossos talentos. Esses dons são, afinal, a expressão do poder e da presença de Deus em nossa vida. São a evidência do trabalho de Deus em nós. Eles podem nos transformar quando os colocamos em ação. Isso é motivo suficiente para os desembrulharmos e os colocarmos em uso.

Escolha usar seus dons onde e da forma que o Senhor a chama para usá-los. E os use somente para a glória de Deus.

Questões para reflexão pessoal ou grupo de estudo

1. Que dons espirituais você recebeu de Deus?

2. Como você sabe que os tem?

3. Descreva como você aperfeiçoou seus dons para um serviço mais eficaz.

4. Descreva as formas que encontrou para usar seus dons.

Reflexão pessoal

Ester

COMO USAR O PODER PARA BENEFICIAR OUTROS

VOCÊ ESTÁ PRONTA PARA UMA rápida viagem num tapete mágico até a antiga terra das *Mil e uma noites?* Estamos partindo para a Pérsia, quando este era o maior império da terra, maior do que qualquer outro que já houvesse existido. Então segure firme enquanto voamos pelos ares com muita tranquilidade até a grandiosa e luxuosa capital da Pérsia, chamada Susã.

Ao fazermos nossa descida em Susã, conhecida como "a Cidade dos Lírios," podemos ver o magnífico palácio de verão brilhando à luz do sol da Mesopotâmia. Deslizando para uma suave aterrissagem no pátio externo do palácio, nos encantamos primeiro com as grandes colunas de mármore que nos cercam. Cordas de fino linho branco e fios de cor púrpura estão presas nas colunas em grandes elos de prata. Elas seguram as suntuosas cortinas de linho azul e branco, de modo que temos uma visão ampla desse *playground* de verão do mais poderoso governante na terra. Seu nome era Assuero. A Bíblia, na Nova Tradução na Linguagem de Hoje nos dá sua identificação histórica como Xerxes.

Em nossos livros de história, anotações e escritos persas, aprendemos um pouco sobre este imperador. Ele não era uma pessoa particularmente boa de se conviver. Na verdade, não se poderia ter certeza de seu próprio futuro se, para se aproximar de Assuero, você desse um passo errado. Ele era um tirano excêntrico. Sua vontade era absoluta. Detinha o poder sobre a vida e a morte com um aceno de cabeça.

Por exemplo, quando Pithius, um de seus principais oficiais, lhe ofereceu uma fortuna para pagar por uma das campanhas militares persas, Assuero ficou tão satisfeito, que em vez disso recusou o dinheiro e deu um presente ao oficial. Entretanto, quando mais tarde Pithius pediu que o rei poupasse seu filho mais velho de lutar naquela campanha, Assuero ficou com tanta raiva que cortou o rapaz ao meio e marchou com seu exército por entre as partes. Podemos dizer, no mínimo, que Assuero era temperamental.

Em outro momento, uma tempestade no mar destruiu 300 de seus navios. Assuero pegou uma tira de couro, foi até a costa e bateu no mar 300 vezes — uma para cada navio — punindo o oceano.

Assuero era um déspota, um governante absoluto que podia ser generoso num minuto, e no seguinte, vingativo. Com frequência, seu temperamento estava fora de controle. Era o maior autocrata de sua época, um homem cuja reflexão mais tola era uma ordem, e na presença de quem era um crime aparecer sem ser convocado.

A história no livro de Ester começa com um enorme banquete que está acontecendo no palácio de Susã. Líderes militares, príncipes e nobres das 127 províncias da Pérsia, espalhada da Índia à Etiópia, estão reunidos nas mesas. Durante meio ano, Assuero havia exibido toda a riqueza de seu reino e o esplendor e glória de sua majestade (1:4). Agora, um banquete de sete dias estava em desenvolvimento.

Os convidados se reclinavam em poltronas de prata e ouro. Eles bebiam em taças de ouro, cada uma com um desenho diferente, e cheia do que o convidado pedisse. Você pode imaginar o estado deles após sete dias de *open-bar*?

No sétimo dia, o embriagado Assuero teve uma ideia. Por que não exibir sua bela rainha, Vasti? Ela era, nas palavras de Ester 1:11, "em extremo formosa." Então os sete eunucos que cuidavam do harém de Assuero correram para buscá-la.

Mas os convidados do imperador não conheceram sua maravilhosa rainha, pois Vasti fez o impensável: recusou a convocação.

Assuero entendeu essa atitude como uma rebelião que devia ser cortada pela raiz. De outra forma, a insurreição dessa mulher poderia se espalhar pelo reino. Vasti foi imediatamente banida da sua posição de rainha e da presença do rei. Leia a conclusão do processo:

Então, disse Memucã na presença do rei e dos príncipes: A rainha Vasti não somente ofendeu ao rei, mas também a todos os príncipes e a todos os povos que há em todas as províncias do rei Assuero. Porque a notícia do que fez a rainha chegará a todas as mulheres, de modo que desprezarão a seu marido [...] Hoje mesmo, as princesas da Pérsia e da Média, ao ouvirem o que fez a rainha, dirão o mesmo a todos os príncipes do rei; e haverá daí muito desprezo e indignação.

Se bem parecer ao rei, promulgue de sua parte um edito real, e que se inscreva nas leis dos persas e dos medos e não se revogue, que Vasti não entre jamais na presença do rei Assuero; e o rei dê o reino dela a outra que seja melhor do que ela. Quando for ouvido o mandado, que o rei decretar em todo o seu reino, vasto que é, todas as mulheres darão honra a seu marido, tanto ao mais importante como ao menos importante.

O conselho pareceu bem tanto ao rei como aos príncipes; e fez o rei segundo a palavra de Memucã. Então, enviou cartas a todas as províncias do rei, a cada província segundo o seu modo de escrever e a cada povo segundo a sua língua: que cada homem fosse senhor em sua casa, e que se falasse a língua do seu povo (ESTER 1:16-22).

Sai de cena Vasti, uma mulher que teve a coragem de recusar uma ordem indecente de seu marido. O costume nacional era o de que uma mulher não devia aparecer sem véu na presença de homens que se divertiam, e muito menos de homens bêbados. Vasti permanece viva na história até hoje, não por causa de sua beleza, mas de seu caráter. Ela teve respeito por si mesma. Sabia o preço por sua desobediência. Ela sabia que encararia a exoneração da corte, possivelmente até a morte. Porém amava mais a honra do que a própria vida; e honramos sua memória como uma mulher de coragem.

E agora? Assuero tinha um notável harém cheio de belas mulheres. Ele poderia ter em sua cama, uma diferente a cada noite. Mas se cansou disso e concordou que era hora de substituir Vasti.

Como escolher uma nova rainha? Por que não um concurso de beleza? Ele mandou que seus oficiais fossem a todas as 127 províncias da Pérsia e encontrassem as virgens mais belas. Deveriam trazê-las ao palácio de Susã para serem submetidas ao tratamento de beleza exigido antes de serem apresentadas ao rei. E que tratamento de beleza! Um ano inteiro de cuidados, começando com seis meses de unção de óleo de mirra, seguidos por seis meses de tratamentos com perfumes e cosméticos.

O concurso estava em andamento. As mais belas mulheres do império foram trazidas para Susã. E é nesse momento que conhecemos um judeu chamado Mordecai, que tinha uma linda filha adotiva chamada Hadassa em hebraico, ou Ester, em persa.

Essa órfã judia, adotada e criada por seu primo Mordecai, era "de boa aparência e formosura," e foi escolhida para ser apresentada ao rei. Durante seu ano de preparação, causou uma esplêndida impressão a Hegai, o eunuco que cuidava do harém. Quando chegou sua vez de passar uma noite com o rei Assuero, ele, também, se apaixonou por essa adorável moça judia.

O que você sentiria se estivesse no lugar de Ester? Se conhecesse Assuero, e seu terrível temperamento e modos excêntricos? Se soubesse o que havia acontecido com Vasti? Se não estivesse particularmente feliz em fazer parte de um harém?

Quando esta moça se viu no palácio do rei, aceitou com graça. Tirou o melhor da situação que, talvez, tivesse preferido evitar.

Assuero colocou a coroa do reino na cabeça de Ester, deu um grande banquete em sua homenagem, e proclamou feriado em todo o império para saudar sua ascensão ao trono. Mas não pense que ela era uma soberana real com direitos próprios. Lembre-se do que aconteceu com Vasti. Ester entendia que tinha pouco poder.

Antes de prosseguirmos com esta história, precisamos conhecer mais um personagem, um agatita chamado Hamã. Um agatita era um amalequita, e os amalequitas eram velhos inimigos dos judeus, eles atacaram os israelitas depois que saíram do Egito. Hamã era um homem com uma longa história de ódio pelos judeus. Também não sabia quando parar. Além disso, era o segundo na hierarquia persa e tinha sido honrado pelo rei.

A cada dia, quando Hamã ia e vinha de sua casa ao palácio, passava por Mordecai, que ficava assentado ao portão da residência monárquica. (Isso provavelmente significava que Mordecai tinha algum tipo de posição de governo.) Assuero havia ordenado que todos fizessem reverência e prestassem homenagens a Hamã, mas Mordecai pensava diferente.

> *Vendo, pois, Hamã que Mordecai não se inclinava, nem se prostrava diante dele, encheu-se de furor. Porém teve como pouco, nos seus propósitos, o atentar apenas contra Mordecai, porque lhe haviam declarado de que povo era Mordecai; por isso, procurou Hamã destruir todos os judeus, povo de Mordecai, que havia em todo o reino de Assuero* (ESTER 3:5,6).

A mente maligna de Hamã começou a engendrar um plano. Calculando cada dia para encontrar o momento mais propício, Hamã finalmente falou com Assuero:

Ester

Existe espalhado, disperso entre os povos em todas as províncias do teu reino, um povo cujas leis são diferentes das leis de todos os povos e que não cumpre as do rei; pelo que não convém ao rei tolerá-lo. Se bem parecer ao rei, decrete-se que sejam mortos, e, nas próprias mãos dos que executarem a obra, eu pesarei dez mil talentos de prata para que entrem nos tesouros do rei (3:8,9).

O rei concordou, quase casualmente, que no dia 13 de dezembro daquele ano, todos os judeus do Império Persa seriam assassinados. Com o uso do anel de sinete de Assuero selando os documentos, o plano de Hamã se tornou lei. E a lei dos medos e dos persas não podia ser revogada. O decreto para "que se destruíssem, matassem e aniquilassem de vez a todos os judeus, moços e velhos, crianças e mulheres" foi levado pelos correios até os cantos mais remotos do império. O capítulo 3 de Ester fecha com a declaração que "o rei e Hamã se assentaram a beber, mas a cidade de Susã estava perplexa."

※

Em meio a tudo isso, Ester, a bela rainha, seguia isolada no palácio, sem sofrimentos, sem perturbação, desconhecendo o destino que pairava sobre seu povo — e talvez, sobre ela mesma. Então um dia, soube que Mordecai estava sentado no portão do palácio, com roupas de saco e cinzas. Após mandar um servo levar roupas descentes para ele, ficou sabendo do esquema de Hamã e do decreto do rei selando o destino de todos os judeus no reino. Mordecai enviou para ela uma cópia do decreto e pediu que fosse a Assuero em nome de seu povo. O que se segue é a parte central de nossa história.

Tornou, pois, Hataque e fez saber a Ester as palavras de Mordecai. Então, respondeu Ester a Hataque e mandou-lhe dizer a Mordecai: Todos os servos do rei e o povo das províncias do rei sabem que, para qualquer homem ou mulher que, sem ser chamado, entrar no pátio interior para avistar-se com o rei, não há senão uma sentença, a de morte, salvo se o rei estender para ele o cetro de ouro, para que viva; e eu, nestes trinta dias, não fui chamada para entrar ao rei.

Fizeram saber a Mordecai as palavras de Ester. Então, lhes disse Mordecai que respondessem a Ester: Não imagines que, por estares na casa do rei, só tu escaparás entre todos os judeus. Porque, se de todo te calares agora, de outra parte se levantará para os judeus socorro e livramento, mas tu e a casa de teu pai perecereis; e quem sabe se para conjuntura como esta é que foste elevada a rainha?

Então, disse Ester que respondessem a Mordecai: Vai, ajunta a todos os judeus que se acharem em Susã, e jejuai por mim, e não comais, nem bebais por três dias, nem de noite nem de dia; eu e as minhas servas também jejuaremos. Depois, irei ter com o rei, ainda que é contra a lei; se perecer, pereci.

Então, se foi Mordecai e tudo fez segundo Ester lhe havia ordenado (ESTER 4:9-17).

Ester precisava fazer uma escolha. Poderia continuar a esconder o fato de ser judia e provavelmente passaria o resto de seus dias como a primeira dama do harém de Assuero, vivendo no esplendor e ostentação. Ou ela poderia fazer o possível para encontrar uma forma de contornar a lei, para salvar seu povo — e arriscar sua própria vida.

Ester acabou entendendo que sua posição não era um privilégio a ser desfrutado, mas uma grande responsabilidade a ser usada para salvar outros. Seu povo estava em perigo. O problema deles tornou-se seu problema. Era seu dever salvá-los porque estava em melhor posição para fazer isso.

Para onde Deus a trouxe em sua vida hoje? Certamente não foi para o harém da corte persa. É também improvável que a destruição de toda uma raça esteja dependendo das decisões que tomar hoje ou na próxima semana. Ainda assim, onde quer que esteja, o que for que estiver enfrentando, ouça as palavras de Mordecai para Ester, porque elas também têm relevância para nós nos dias de hoje: "Quem sabe se para conjuntura como esta é que foste elevada a rainha?"

Algumas vezes, como mulheres, lamentamos a pequenez de nossos desafios e os limites de nossa influência para o bem. Podemos talvez até sentir que temos utilidade limitada para Deus. Quando achamos isso, ou nos sentimos dessa forma, precisamos lembrar a nós mesmas que o soberano Deus tem nossa vida em Suas mãos e sabe do que somos capazes. Seja o que for que o Senhor estiver colocando em suas mãos para fazer hoje, amanhã ou na próxima semana, nunca será sem sentido, jamais será sem significância. Deus colocou você em sua atual situação e lugar na vida, para Seus propósitos.

Quando Ester compreendeu as palavras de Mordecai, ela se levantou para o desafio: "*Farei* o que preciso fazer, e se eu perecer, pereci." Quase podemos vê-la esticando as costas ao se levantar e ajeitar a postura. Sua firmeza é surpreendente à luz de seu treinamento para ser uma mulher submissa e sensual do harém. Mas como outras mulheres hebreias cujas histórias conhecemos, Ester buscou força interior para fazer a coisa certa na hora certa.

Todas nós conhecemos pessoas que parecem não ter medo. Elas fazem o que for preciso sem piscar, sem olhar para trás. Nós as admiramos, mas sabemos que não podemos imitá-las, porque temos nossos próprios medos. Jamais poderíamos ser como elas.

Nós *nos* identificamos com alguém que tem medo. Ester teve medo. Podemos senti-lo em sua resposta a Mordecai. Vemos esse medo quando ela insiste para que os judeus em Susã passem três dias jejuando perante o Senhor em seu favor. Compreendemos isso em sua avaliação realista da situação: "Se perecer, pereci."

Quando vemos alguém *com* medo, capaz de passar por cima desse temor e fazer uma decisão grande e arriscada, vamos além da admiração por essa pessoa. Pensamos: "Sim, talvez, apenas talvez, até eu poderia ir além dos meus temores e fazer o que sei que Deus está colocando em minhas mãos." Coragem não significa que não teremos medo. Significa que nos recusamos a ser aconselhadas por nossos medos.

◦≪♡≫◦

Como *você* teria agido se estivesse no lugar de Ester? Se soubesse que ir até o rei sem ser convidada significaria quase que certamente a sua morte? Suponha que você já suspeitasse que houvesse perdido pontos com ele, visto que há 30 dias não era convidada a sua presença.

Diante disso, você provavelmente elaboraria a sua estratégia com muito cuidado. Pelo menos deveria! Ester fez isso. Ela se preparou com cuidado e também organizou um suntuoso jantar para três.

Então, em suas vestes reais, andou lentamente dos aposentos das mulheres, passando pelos pórticos, sob as grandes cortinas de linho azul e branco, até chegar ao pátio interno. Parou do lado de fora da porta da sala do trono, num lugar onde Assuero pudesse vê-la.

Consegue sentir o que ela deve ter sentido naquele momento? O coração saltando. Arrepios gelados correndo para cima e para baixo em sua espinha. As mãos transpirando. Se consegue sentir o que ela sentiu, então pode sentir seu imenso alívio quando Assuero ergueu o cetro de ouro e o estendeu para ela. Por enquanto, pelo menos, ela estava a salvo.

Quando o imperador lhe perguntou o que queria, ao invés de deixar escapar as más notícias sobre o decreto que ele expediu e seu povo, Ester apenas convidou o rei e Hamã para um banquete. Assuero rapidamente chamou Hamã e os três saíram para a festa que Ester havia preparado.

Mais uma vez Assuero perguntou a Ester o que ela queria. Mais uma vez ela convidou a ele e Hamã para um segundo jantar no dia seguinte. Ela estava procrastinando? Ou estava preparando o terreno com muito cuidado? Ela e o povo de Deus haviam jejuado e orado por seu encontro com o rei. De alguma forma, Deus a fez saber o momento certo. Aquele primeiro banquete não era o momento.

Ester

Você já passou por isso, não foi? Quando de alguma forma sabe lá no fundo que o momento não é o certo para algo que precisa ser feito? Então esperou. Mais tarde, entendeu por que precisou esperar. Algo aconteceu enquanto você esperava, e mudou a situação. Isso ocorreu com Ester.

Lembra-se de Hamã? Ele saiu daquele primeiro banquete animado. Mas quando passou pelos portões do palácio, foi ao chão com um baque. Em Ester 5:9 lemos que "…quando viu, porém, Mordecai à porta do rei e que não se levantara, nem se movera diante dele, então, se encheu de furor contra Mordecai." Nos dois capítulos seguintes, vemos o que acontece quando nos centramos em algo irritante ao invés de nas boas coisas que temos.

Desde o mar Mediterrâneo até o Golfo Pérsico, não havia nada que Hamã não pudesse ter. Riqueza, poder, prestígio — tinha tudo. Ainda assim, de alguma forma nada disso importava quando pensava no insulto de Mordecai. Esqueceu-se tudo o que tinha e focou sua mente na única coisa que não poderia ter. Permitiu que essa única coisa destruísse toda a sua felicidade. Por fim, isso iria arruinar sua família e lhe custar sua vida.

Seguindo o conselho de sua esposa e amigos, Hamã ergueu uma forca com 22 m de altura, na qual penduraria Mordecai. Em sua raiva, decidiu que no dia seguinte pediria permissão a Assuero para executar Mordecai. Ele não poderia esperar até 13 de dezembro para vê-lo morto com todos os outros judeus (ESTER 9:1).

Enquanto isso, de volta ao palácio, Assuero estava tendo uma noite de insônia. Em vez de contar carneirinhos, alguém lia para ele em voz alta, as crônicas do reino. Porém, enquanto o criado fazia a leitura, se deparou com a anotação de que Mordecai havia descoberto um plano para assassinar Assuero e que tinha informado isso ao rei por intermédio de Ester.

"O que foi feito a este homem para homenageá-lo?", perguntou o rei.

"Nada," veio a resposta.

Bem neste momento, Hamã chegou ao pátio externo, pretendendo falar com o rei sobre o enforcamento de Mordecai. "Tragam Hamã," o rei ordenou, "e deixe que ele me diga o que deve ser feito por um homem que o rei deseja honrar."

Hamã pensou que o rei estava falando sobre ele, então sugeriu uma pomposa procissão para homenagear tal homem. Consegue imaginar como se sentiu quando soube que — de todas as pessoas — deveria organizar uma suntuosa procissão logo para Mordecai? Que desventurada virada do destino!

Agora era o momento. *Agora* o palco estava pronto. Assuero precisava ser lembrado da lealdade de Mordecai e de sua disposição de salvar a vida do rei, *antes* que Ester falasse sobre o decreto contra os judeus. Naquele segundo banquete, quando Assuero perguntou a Ester o que gostaria, ela implorou por duas coisas: por sua vida e pela de seu povo, pois haviam sido vendidos para os "destruírem, matarem e aniquilarem de vez".

Assuero explodiu. Quem ousaria fazer tal coisa? A resposta de Ester foi rápida: "O adversário e inimigo é este mau Hamã."

Enfurecido, Assuero se levantou e foi para o jardim do palácio, para decidir sobre seu próximo passo. E foi então que Hamã inadvertidamente cometeu seu derradeiro erro. Jogou-se aos pés da rainha, e acabou "caído sobre o divã em que se achava Ester".

Retornando, Assuero interpretou mal aquela cena. "Acaso, teria ele querido forçar a rainha perante mim, na minha casa?" Com isso, Hamã foi levado para fora, encapuzado, para execução imediata na mesma forca que havia preparado para Mordecai.

Finalmente Hamã estava fora de cena, para sempre. Mas o decreto ainda era válido. A lei dos medos e dos persas não podia ser revogada. Os judeus ainda estavam destinados ao extermínio, a menos que… a menos que Assuero fizesse outro decreto permitindo que os judeus se defendessem e, mais ainda, destruíssem, matassem e aniquilassem qualquer exército que pudesse atacá-los. O segundo decreto foi rapidamente copiado e enviado aos governadores de todas as províncias do império: Os judeus não apenas podiam se defender, mas poderiam atacar e destruir seus inimigos.

O 13 de dezembro amanheceu, e lemos que "No dia em que os inimigos dos judeus contavam assenhorear-se deles, sucedeu o contrário, pois os judeus é que se assenhorearam dos que os odiavam" (ESTER 9:1).

Se desejar saber os terríveis detalhes desse episódio, leia o capítulo 9. A vitória de Ester naquele dia foi longe de ser suave. Morreram mais de 75 mil inimigos dos judeus. O dia 13 de dezembro se tornou um feriado judaico nacional, o Purim, o dia de celebrar a libertação do povo de Deus dos inimigos persas.

Onde você se encontra hoje? Para que pequeno reino Deus a trouxe, a fim de viver um momento como esse? Talvez você esteja num lugar difícil, num caminho repleto de problemas. A carga parece ser pesada demais para continuar sendo carregada. Ainda assim, esses fatores podem ser o motivo de Deus tê-la colocado onde está, e não outra pessoa com menos força ou menos entendimento. Talvez Ele a colocou aí, porque sabe que você pode ser confiável para realizar sua tarefa com honra.

Ester é o único livro da Bíblia onde o nome de Deus não aparece de forma alguma. Mas isso não significa que o Senhor não estava lá. Seu propósito ainda foi realizado — mediante a insônia do rei, a leitura de determinada crônica do reino feita por um servo, uma jovem órfã judia sendo escolhida como rainha. Nenhum livro da Bíblia ensina mais claramente sobre a soberania e providência de Deus do que Ester.

James Russell Lowell captou essa verdade quando escreveu:

Por trás do desconhecido escuro
Deus permanece na sombra
Vigiando sobre os Seus.

Você sabe disso? Pode enfrentar cada dia, segura no fato de que os lugares difíceis em sua vida estão nas mãos de Deus? Ele pode parecer invisível, mas nunca larga o leme do Universo. A causa de Deus é sempre segura. O drama de nossa vida é o drama de Deus.

Hamã era *grande*, poderoso e ele quase venceu. Mas não venceu.

Assuero era *grande*. Ele era mais poderoso do que Hamã. Mas mesmo em sua excentricidade, ele não podia destruir o povo de Deus.

Ester precisava de um Deus grandioso para levá-la à presença do rei. Precisava confiar em um Deus tão poderoso, se fosse pedir a libertação de seu povo. Ela conseguiu porque *tinha* o Deus grandioso e Todo-Poderoso.

Como Ester, precisamos desse Deus quando enfrentamos as dificuldades da vida. A boa notícia é que nós o *temos*. Ele está aqui, se importa e trabalhará por nós. Conforme atravessamos cada dia, podemos fazer isso propositadamente porque sabemos, como o poeta, que

Por trás do desconhecido escuro
Deus permanece na sombra
Vigiando sobre os Seus.

Ester

Questões para reflexão pessoal ou grupo de estudo

Algumas vezes, como mulheres cristãs, nos vemos em situações onde precisamos tomar decisões difíceis.

1. É melhor tentar mudar situações difíceis ou apenas cerrar os dentes e suportá-las? Explique sua resposta.

2. Se decidirmos tentar mudar as situações difíceis, que fatores deveremos ter em mente?

3. Como devemos ver a vontade de Deus quando estamos em situações delicadas?

4. O que significa colocar nossa confiança em Deus quando estamos em lugares complicados?

A mulher de Provérbios 31

COMO MANTER SUAS PRIORIDADES

CERTAS PASSAGENS NA BÍBLIA me lembram de uma frase do comediante Rodney Dangerfield: elas "simplesmente não são respeitadas." Um desses textos é Provérbios 31:10-31. Muitos homens passam direto por esse texto, porque têm certeza de que é escrito apenas para mulheres. Muitas mulheres desviam desse texto, porque têm certeza de que ele diz o que elas não querem ouvir. Embora a maioria dos cristãos conheça algo sobre a passagem, muitos escolhem ignorá-la.

Mas todos nós — homens e mulheres — precisamos dessa importante passagem por três motivos.

Primeiro, precisamos dela porque, sob a inspiração do Santo Espírito de Deus, está incluída na Bíblia. O apóstolo Paulo lembrou a Timóteo que toda Escritura é dada por inspiração divina e útil para a doutrina, repreensão, correção e instrução na justiça. E isso inclui Provérbios 31.

Segundo, essa passagem apresenta um resumo da sabedoria do povo de Deus. O livro de Provérbios começa falando sobre o temor

A mulher de Provérbios 31

do Senhor como o princípio do saber (1:7), e termina com louvor a pessoa que teme ao Senhor (31:30). O capítulo 1 nos apresenta a Senhora Sabedoria gritando nas ruas da cidade, chamando os jovens a repensar sua vida e suas escolhas, e dizendo a eles que escolham o temor do Senhor. O capítulo 31 coloca a Senhora Sabedoria em roupas comuns, nos descrevendo como é alguém que escolhe sabiamente temer ao Senhor.

A terceira razão pela qual precisamos dessa importante passagem, é a estrutura dos últimos 22 versículos do próprio capítulo. Provérbios 31:10-31 é um poema em acróstico. Cada versículo dessa passagem inicia com uma letra do alfabeto hebraico (*Aleph, Beth, gimel, daleth, he, waw* etc.). Qual o sentido disso? No mundo antigo, acrósticos eram usados como artifícios de memorização. Se você soubesse as letras do alfabeto, poderia se lembrar de uma série de conceitos simplesmente lembrando a próxima letra. Usamos isso hoje, mas era ainda mais importante no mundo antigo, em culturas orais nas quais a sabedoria de um povo era passada de geração em geração verbalmente. Crianças aprendiam oralmente o que era preciso saber. Um poema em acróstico era uma forma de ajudá-las a memorizar.

O texto de Provérbios 31:10-31 foi escrito como um poema acróstico de modo a poder ser memorizado facilmente. Era para ser memorizado. Por quê? Porque resume a sabedoria do povo de Deus que é encontrada em todo o livro de Provérbios. É para todos nós, para nos ajudar a saber como viver sabiamente.

O poema começa no versículo 10 com uma pergunta e uma declaração:

Mulher virtuosa, quem a achará?
O seu valor muito excede o de finas joias.

É assim que a versão Almeida Revista e Atualizada da Bíblia traduz o texto hebraico. Se você estiver lendo a Nova Tradução na Linguagem de Hoje, encontrará: "Como é difícil encontrar uma boa esposa!"

Quando vemos traduções diferentes de uma palavra hebraica que não parecem significar exatamente a mesma coisa, precisamos voltar e perguntar como aquela palavra hebraica é usada em outras partes do Antigo Testamento. Essa mulher altamente desejável, cujo valor é maior do que finas joias, em hebraico é uma mulher *chayil*. De certa forma, nenhuma das nossas traduções — virtuosa, boa etc. — captura o sentido dessa palavra hebraica.

O capítulo 31 já havia usado a mesma palavra nos versículos 2 e 3:

Que te direi, filho meu? Ó filho do meu ventre?
Que te direi, ó filho dos meus votos?
Não dês às mulheres a tua força (chayil),
nem os teus caminhos, às que destroem os reis.

Quando olhamos para o uso dessa palavra hebraica ao longo do Antigo Testamento, vemos que aquele versículo 3 a traduz com mais precisão como *força*. É uma palavra comum na Bíblia, aparecendo 246 vezes. Três vezes é usada se referindo a uma mulher (RUTE 3:11, PROVÉRBIOS 12:4, E AQUI EM PROVÉRBIOS 31:10), porém, com mais frequência descreve soldados ou exércitos. O significado básico da palavra é força ou poder e, na maioria dos casos, ela se refere a proezas militares. Os guerreiros mais fortes de Davi são homens *chayil*.

A palavra é traduzida com frequência como *valente*, se referindo a uma qualidade necessária em combate. Um soldado que se mantém firme na batalha, se recusando a desertar de seu posto ou fugir do dever. Então uma pessoa que é chayil (como os homens fortes de Davi) tem uma força interior para assumir responsabilidades e superar obstáculos. Provérbios 31:10 é sobre esse tipo de pessoa — forte, valente, uma pessoa com força interior que supera obstáculos.

A mulher de Provérbios 31

Algumas traduções do versículo 10 colocam: "Como é difícil encontrar uma boa esposa!" A palavra traduzida por *esposa* é a mesma traduzida por *mulher*. Alguns tradutores provavelmente escolheram a palavra *esposa*, porque os dois versículos seguintes falam sobre seu marido. Mas isso não descarta os solteiros!

Essa pessoa forte e valente tem sabedoria, ou uma habilidade para viver e, em Provérbios 31 a vemos personificada numa mulher sábia. Quando olhamos para ela, percebemos como é a sabedoria na vida diária. As qualidades dessa mulher são qualidades que resumem a sabedoria do povo de Deus. São qualidades tanto para os solteiros como para os casados, para homens e mulheres.

Então, o que caracteriza uma pessoa de força?

A primeira característica de uma mulher sábia é que ela é *confiável*. Nos versículos 11 e 12 lemos:

O coração do seu marido confia nela,
e não haverá falta de ganho.
Ela lhe faz bem e não mal,
todos os dias da sua vida.

Está claro que o marido dessa mulher pode confiar, sabendo que ela não vai estourar o orçamento ou fugir com o carteiro. Ela é confiável.

Você é uma pessoa confiável? Pode-se confiar que faça o bem, e não o mal, todos os dias de sua vida? Se for, está no caminho de ser uma sábia pessoa de força, totalmente de acordo com Provérbios 31.

Nos versículos de 13 a 18, descobrimos que essa pessoa valente, forte, comprometida e sábia é também *sagaz*. Muitas de nós não gostamos dessa palavra, mas o dicionário nos diz que significa apenas alguém que é inteligente ou esperto. Uma pessoa sagaz não é alguém

que se aproveita de outras pessoas, mas que se aproveita das *oportunidades*. É assim que a sagacidade é apresentada nos versículos 13-18:
- O versículo 13 declara que essa mulher sábia e forte "Busca lã e linho e de bom grado trabalha com as mãos." Ela não simplesmente junta o que é útil, mas escolhe suas tarefas e materiais com cuidado.
- Os versículos 14 e 15 associam essa forte mulher sábia ao "navio mercante: de longe traz o seu pão. É ainda noite, e já se levanta, e dá mantimento à sua casa e a tarefa às suas servas". Essa mulher sábia olha adiante e se prepara para o futuro, não apenas para o presente. Ela faz o seu trabalho para que todos em sua casa tenham o que precisam.
- O versículo 16 nos mostra a perspicácia dessa mulher: "Examina uma propriedade e adquire-a; planta uma vinha com as rendas do seu trabalho." Ela é sagaz na compra da propriedade, e então a prepara para produzir uma renda. Pensa em seus projetos cuidadosamente e planeja como conduzi-los com sucesso.
- O versículo 17 nos diz que ela "Cinge os lombos de força e fortalece os braços." Em hebraico, na verdade, significa que ela fortalece seus braços para as tarefas, de modo a fazer seu trabalho com vigor. A pessoa sagaz aperfeiçoa seu conhecimento e habilidades para trabalhar de forma mais inteligente, e não com mais dificuldade.
- O versículo 18 deixa claro que "Ela percebe que o seu ganho é bom; a sua lâmpada não se apaga de noite." Essa mulher sábia faz produtos de qualidade que vende aos mercadores sem medo de passar vergonha.

Em resumo, uma pessoa *chayil* é sagaz. Então pergunte a si mesma: Quão sagaz sou em minhas atividades diárias? Penso em meus projetos para conduzi-los com sucesso? Planejo com antecedência? Estou comprometida a fazer um bom trabalho? Se puder responder sim a essas perguntas, você terá a segunda característica de sabedoria do livro de Provérbios. Você é sagaz, inteligente ou sábia.

Nos versículos 19 e 20 passamos para a terceira característica de uma pessoa *chayil*: "Estende as mãos ao fuso, mãos que pegam na roca. Abre a mão ao aflito; e ainda a estende ao necessitado." A terceira característica de uma pessoa sábia é a *generosidade*. Isso pode não ser imediatamente óbvio no texto porque nossas traduções não captam a ligação entre o versículo 19 e o 20. Mas em hebraico, esses dois versículos não podem ser separados por uma razão: a primeira parte do versículo 19 e a segunda do 20 têm a mesma estrutura gramatical e o mesmo verbo; o mesmo ocorre com a segunda parte do versículo 19 e a primeira do 20 — mesma estrutura e mesmo verbo. Quando isso ocorre, temos o que é chamado de *quiasma* (uma figura gramatical onde os elementos são dispostos de forma cruzada, como um grande X). Essa sábia mulher fia, fabrica tecidos e confecciona vestes para vender aos mercadores *de modo que* ela possa ser generosa com os pobres e necessitados.

Sagacidade deve sempre ser temperada com generosidade. Caso contrário, se torna ganância. E a Bíblia não diz coisas boas sobre pessoas gananciosas. Então, uma pessoa sagaz aproveita as oportunidades para ter algo a dar àqueles que necessitam.

A quarta característica de uma pessoa *chayil* se encontra nos cinco versículos seguintes (21-25), nos mostrando que uma pessoa sábia é também *diligente*.

O versículo 21 declara que "No tocante à sua casa, não teme a neve, pois todos andam vestidos de lã escarlate." Com que frequência neva no Oriente Médio? Não muita. Mas quando neva, essa pessoa sábia e diligente tem sua casa abastecida. A tradução da última palavra do versículo é um pouco engraçada. Aparentemente a palavra hebraica traduzida por *escarlate* também pode ser traduzida por *vestes forradas*. Se está nevando fora, estou mais interessada em usar roupas forradas que me mantenham aquecida, do que algo que é apenas de cor vermelha.

O versículo 22 nos diz que "Faz para si cobertas, veste-se de linho fino e de púrpura." "Linho fino e púrpura" atestam o fato de que essa mulher é diligente em cuidar de suas próprias necessidades, assim como as dos outros. Ela se veste bem.

O versículo 23 faz a ligação entre a sua diligência com a posição do marido na comunidade: "Seu marido é estimado entre os juízes, quando se assenta com os anciãos da terra." A forma como essa mulher sábia lida com a vida, faz com que seu marido seja respeitado pelos líderes da comunidade.

O versículo 24 explica alguns detalhes sobre como essa mulher sábia adquire poder: "Ela faz roupas de linho fino, e vende-as, e dá cintas aos mercadores." Seu trabalho na roca e no fuso não é apenas um passatempo; é um meio de produzir recursos para sua família de forma a ajudar aqueles que são necessitados.

Por consequência, o versículo 25 conclui que "A força e a dignidade são os seus vestidos, e, quanto ao dia de amanhã, não tem preocupações." Algumas pessoas repudiam a diligência como uma forma de vício em trabalho ou compulsão obsessiva. Mas diligência é uma parte necessária da sabedoria.

O versículo 26 nos dá a quinta característica de uma pessoa sábia: ela "Fala com sabedoria, e a instrução da bondade está na sua língua." A pessoa sábia e forte sempre fala com sabedoria e bondade. Uma pessoa sábia não apenas percorre o caminho, mas também estabelece a conversa.

A esta altura você deve estar pensando que ser sábia, forte ou valente dá muito trabalho. Exige demais! Será que realmente importa que eu seja confiável e cuidadosa com o meu trabalho? Ou que seja generosa e diligente em tudo o que faço? Ou que vigie a minha língua e a use sabiamente?

Sabedoria, como descrita ao longo do livro de Provérbios, é sobre tomar decisões sábias quando somos pressionadas pela vida. E em Provérbios 8:35,36, a senhora Sabedoria nos diz que aqueles que a amam, viverão, mas aqueles que pecam contra ela, violentarão a própria alma. Sabedoria é a essência da vida diária, mas também é a essência da vida e da morte.

Mas o capítulo não termina no versículo 26. Se terminasse, teríamos um código moral, mas nenhum recurso além de nossa própria determinação para cumpri-lo. O que nos *faz* sábias não está nos versículos de 11 a 26. Está no versículo 30:

> *Enganosa é a graça, e vã, a formosura,*
> *mas a mulher que teme ao S*ENHOR*, essa será louvada.*

Eis o ponto de partida: a pessoa sábia, forte, comprometida, *conhece a diferença entre o que é passageiro e o que permanece. A pessoa sábia escolhe viver pelo que é eterno.* O versículo 30 nos diz que a graça é enganosa e a beleza é efêmera. Beleza é bom, mas é passageira. O que permanece para sempre é nosso relacionamento com Deus.

Os sermões que tenho ouvido sobre Provérbios 31 tendem a centrar-se nas habilidades da mulher, em sua ocupação. Essas são *evidências* de sua sabedoria, mas não o objetivo do texto. A verdadeira sabedoria começa com Deus e nosso relacionamento com Ele. Ela começa com "O temor do S ENHOR."

O que significa esse "temor" de Deus? É pavor na presença do Senhor? Não, é um entendimento reverente de quem Deus é e onde nos colocamos em relação a Ele. A coisa mais importante que você e eu podemos saber é quem o Senhor é. Precisamos conhecê-lo como nosso Criador, nosso Redentor e nosso Sustentador.

Devemos saber que Deus é nosso Criador. O salmista captou isso:

> *Pois tu formaste o meu interior,*
> *Tu me teceste no seio de minha mãe.*
> *Graças te dou, visto que por modo assombrosamente*
> *maravilhoso me formaste;*
> *as tuas obras são admiráveis,*
> *e a minha alma o sabe muito bem;*

*os meus ossos não te foram encobertos,
quando no oculto fui formado e entretecido como
nas profundezas da terra* (SALMO 139:13-15).

Não respiraremos sem que Deus, nosso Criador, o permita. O apóstolo Paulo disse aos atenienses que é no Senhor que vivemos, nos movemos e existimos (ATOS 17:25-28).

Devemos saber que Deus é nosso Redentor. Novamente o salmista Davi o expressou para nós:

*Bendize, ó minha alma, ao Senhor,
e não te esqueças de nem um só de seus benefícios.
Ele é quem perdoa todas as tuas iniquidades;
quem sara todas as tuas enfermidades;
quem da cova redime a tua vida
e te coroa de graça e misericórdia;
quem farta de bens a tua velhice,
de sorte que a tua mocidade se renova como a da águia*
(SALMO 103:2-5).

Por meio da fé em Jesus Cristo, nosso Redentor, temos vida nova. Ele assumiu a punição pelos nossos pecados e nos redimiu (ou nos trouxe de volta) de Satanás para o Pai. Precisamos saber que Deus é nosso Redentor.

Devemos também saber que Ele é nosso Sustentador. O profeta Isaías, no Antigo Testamento, coloca isso da seguinte maneira:

*Não sabes, não ouviste que o eterno Deus, o Senhor, o Criador
dos fins da terra, nem se cansa, nem se fatiga? Não se pode
esquadrinhar o seu entendimento. Faz forte ao cansado e
multiplica as forças ao que não tem nenhum vigor. Os jovens
se cansam e se fatigam, e os moços de exaustos caem, mas os
que esperam no Senhor renovam as suas forças, sobem com*

A mulher de Provérbios 31

asas como águias, correm e não se cansam, caminham e não se fatigam (ISAÍAS 40:28-31).

Deus é nosso Sustentador na rotina da vida diária, ou nas crises que nos atingem.

※

Num sábado em 1994, às 4h30, acordamos com nosso telefone tocando. Uma ligação dessas normalmente é má notícia, trote, ou um bêbado chamando o número errado. Em nosso caso, eram más notícias. Do outro lado da linha estava nossa filha mais velha, Susan, ligando do sul da França, onde vivia com sua família. Ela tinha acabado de receber uma ligação do ministério do norte da França, onde Kent, nosso único filho, trabalhava com adultos com deficiências graves. A caminho de uma reunião em sua bicicleta, Kent fora atingido por um motorista bêbado, e tinha morrido.

Num momento como esse as pessoas levantam todo tipo de questionamentos: Deus é soberano — Ele poderia ter evitado que isso acontecesse? Deus é amor? Deus se importa? Deus está aqui?

É ao enfrentar uma tragédia e em meio à tristeza que, de alguma forma, precisamos nos agarrar à corda da verdade sobre Deus, revelada nas Escrituras: Ele *é* soberano e, de alguma forma, age por meio da tragédia. Deus *é* amor de maneiras que podemos não entender nesta vida, mas que um dia serão claras para nós. Ele *se* importa e usará isso para o bem em nossa vida. Deus está aqui. Ele está conosco. O autor da carta aos hebreus nos lembra de que o Senhor nunca nos deixa, nem nos abandona nos piores momentos, quando nossos medos e lágrimas ameaçam nos oprimir (HEBREUS 13:5, citando DEUTERONÔMIO 31:6).

Essa consciência de Deus agindo mesmo em meio a tragédia nos dá uma perspectiva diferente de entender a vida e a dor. *Conhecer a Deus* nos sustenta em nossos momentos mais sombrios e nos ensina a diferença entre o que passa e o que permanece. Mas conhecer ao Senhor também nos sustenta na vida diária. Não é fácil ser confiável, mas Deus está aqui e vê que podemos ser confiáveis. Não é conveniente ser sagaz, mas o Senhor vê nosso trabalho e é honrado por ele. Não é fácil ser generoso, mas Ele se importa com nossa generosidade. Não é divertido ser diligente, mas trabalhamos para glorificar nosso Criador. Não é fácil falar sábia e gentilmente o tempo todo, mas Deus ouve o que dizemos.

Nosso relacionamento com o Senhor nos dá uma perspectiva diferente sobre a vida. Sabemos o que importa. Sabemos o que permanece e o que passa, e escolhemos o que dura eternamente. Assim, trazemos essa perspectiva para cada escolha que fazemos — ser ou não confiável, planejar ou não com antecedência e trabalhar com cuidado, mostrar compaixão ou não, buscar ou não nossos objetivos com diligência, controlar ou não a nossa língua.

O que cremos sobre Deus determina quão sabiamente decidimos viver. O medo ou temor reverente ao Criador nos motiva a administrar sabiamente nosso tempo à luz de valores eternos. O temor do Senhor nos motiva a usar nossos recursos com sabedoria para beneficiar os outros e nos ajuda a avaliar cada escolha que fazemos diariamente.

Cem anos atrás, Ella Wheeler Wilcox publicou um pequeno poema cujos versos — quando os escreveu — são tão verdadeiros hoje, como o eram um século atrás.

Um barco navega para leste,
E outro para oeste,
Com os mesmos ventos que sopram;
É a posição das velas,
E não as caravelas
Que dizem o caminho que vamos.

É a posição das velas e não a caravela. É sua escolha. Mulheres — solteiras e casadas — aprendam com Provérbios 31. Escolham viver de maneira sábia, à luz do que permanece para sempre. Se o fizerem, serão caracterizadas por um forte compromisso, pela confiabilidade, pela sagacidade, pela generosidade, pela diligência e pela língua controlada. Mais ainda, saberão a diferença entre o que passa e o que permanece — se entregarão ao que dura eternamente. Essa é a fórmula de Deus para viver com destreza.

Seja sábia. Seja uma pessoa de força. A escolha é sua.

Questões para reflexão pessoal ou grupo de estudo

1. Qual das cinco características de uma mulher *chayil* você acha que poderia caracterizá-la?

2. Qual das cinco características você considera mais difícil de aplicar à sua vida?

3. Faz diferença se você viver para as coisas passageiras ou permanentes/eternas? Explique sua resposta.

4. De que maneira você posicionou as velas de sua vida?

De Eva a Maria

COMO TRAZER CRISTO AO SEU MUNDO

MULHERES E SUAS ESCOLHAS. Tudo começou com Eva, uma mulher perfeita num mundo perfeito, com um relacionamento perfeito com seu Deus Criador e seu marido, Adão. Eva — a mulher completa, aquela que tinha tudo. Era livre para ser tudo o que qualquer mulher poderia jamais desejar. Quando olhamos para ela, vemos o propósito para o qual fomos criadas, o que Deus tinha em mente para cada uma de nós.

Mas em Eva também vemos o que a humanidade escolheu se tornar. Sua escolha não pareceu muito significativa no momento — apenas uma decisão sobre um pedaço da fruta. Mas sua decisão nos demonstra parte do que significa termos sido criados à imagem de Deus. Somos livres para colocar nossa vontade acima da vontade de Deus para nós. Somos livres para empinar o nariz para o nosso Criador. Somos livres para viver sem Deus e renunciar a Sua Palavra e a Sua vontade.

A consequência da escolha de Eva foi *afastamento*. Ela e Adão foram separados do Senhor. E toda a humanidade desde então foi distanciada do Senhor. O mais importante de todos os relacionamentos — com nosso Criador — foi rompido.

De Eva a Maria

O segundo afastamento, como consequência dessa escolha, aconteceu entre Adão e Eva. As lutas que temos na contemporaneidade ao tentarmos nos relacionar perfeitamente com pessoas importantes em nossa vida, nos mostra o quão devastador é esse segundo afastamento. Estatísticas sobre divórcio, abuso físico e sexual, e a necessidade que muitos temos de buscar aconselhamento, demonstram que relacionamentos horizontais raramente são o que gostaríamos que fossem.

O terceiro afastamento é aquele com o qual simplesmente convivemos: a ruptura entre nós e a natureza. Lutamos contra ervas daninhas em nossos jardins e dores em nossos corpos. Criamos barragens e reservatórios para suprir a escassez da água necessária. Retiramos montanhas de neve no inverno e tentamos nos manter frescos no verão. Em resumo, nos acomodamos a um mundo que nem sempre é gentil conosco. Convivemos com um afastamento básico da natureza.

Tudo isso aconteceu porque, numa bela manhã, Adão e Eva escolheram colocar suas vontades acima da vontade de Deus. No processo, ganharam o que lhes foi prometido pela serpente: um conhecimento vivencial do bem e do mal. Eles tinham conhecido o bem no Éden. Agora aprenderam sobre esforço, dor, perda e morte. A angústia de Eva deve ter sido maior do que possamos imaginar. Ela conhecia o bem como ninguém conhecera, desde então. Isso deve ter tornado o mal muito mais gritante em seu horror.

Mas Deus lhe deu um pequeno raio de esperança naquele dia terrível em que foram expulsos do Éden. O Senhor fez uma promessa na maldição que pôs sobre a serpente. Ele disse que colocaria inimizade entre Satanás e a mulher, entre a descendência dele e a dela. Em algum momento no futuro, no entanto, a descendência dela esmagaria a cabeça de Satanás, mesmo que o inimigo atingisse primeiro o calcanhar da prole de Eva. Nenhuma mulher do Antigo Testamento viu essa promessa, chamada de *protoevangelium* ou o primeiro anúncio do evangelho, cumprida. Raquel, Lia, Miriã, Rute, Ester e tantas outras não a viram. Milhares e milhares de anos se passaram. Mulheres e homens lutaram com o afastamento de Deus, um do outro e do mundo físico ao seu redor. Para muitos deve ter parecido que Deus nunca cumpriria Sua promessa. Ele esqueceu? Mudou de ideia? Será que nunca as coisas mudariam?

De repente, numa vila insignificante chamada Nazaré, numa encosta, num país de terceira categoria, chamado Israel, a cortina se abriu para uma cena que mudou o curso da história e a vida de milhões de homens e mulheres. É a conhecida história que encontramos em Lucas 1:26-38:

No sexto mês, foi o anjo Gabriel enviado, da parte de Deus, para uma cidade da Galileia, chamada Nazaré, a uma virgem desposada com certo homem da casa de Davi, cujo nome era José; a virgem chamava-se Maria. E, entrando o anjo aonde ela estava, disse: Alegra-te, muito favorecida! O Senhor é contigo.

Ela, porém, ao ouvir esta palavra, perturbou-se muito e pôs-se a pensar no que significaria esta saudação. Mas o anjo lhe disse: Maria, não temas; porque achaste graça diante de Deus. Eis que conceberás e darás à luz um filho, a quem chamarás pelo nome de Jesus. Este será grande e será chamado Filho do Altíssimo; Deus, o Senhor, lhe dará o trono de Davi, seu pai; Ele reinará para sempre sobre a casa de Jacó, e o Seu reinado não terá fim.

Então, disse Maria ao anjo: Como será isto, pois não tenho relação com homem algum?

Respondeu-lhe o anjo: Descerá sobre ti o Espírito Santo, e o poder do Altíssimo te envolverá com a Sua sombra; por isso, também o ente santo que há de nascer será chamado Filho de Deus. E Isabel, tua parenta, igualmente concebeu um filho na sua velhice, sendo este já o sexto mês para aquela que diziam ser estéril. Porque para Deus não haverá impossíveis em todas as Suas promessas.

Então, disse Maria: Aqui está a serva do Senhor; que se cumpra em mim conforme a tua palavra. E o anjo se ausentou dela.

De Eva a Maria

Coloque-se no lugar de Maria. Durante milhares de anos os judeus falaram sobre o Redentor prometido por Deus. Eles tinham as palavras dos profetas e sabiam que o Messias iria nascer em Belém, ao sul de Jerusalém. Sabiam que Ele nasceria de uma virgem. Sabiam que seria descendente do grande Rei Davi. *Um dia* Ele viria. Mas, agora? Por meio de uma simples moça do povo que vivia a muitos dias de viagem ao norte de Belém, numa cidade da Galileia chamada Nazaré?

Maria conhecia as promessas, assim como todos os judeus. Ela pode até ter nutrido uma esperança secreta, como muitas mulheres devem ter feito, de que Deus a escolheria para carregar o Messias. Mas quando o anjo apareceu naquele dia, seu choque deve ter sido enorme. Pode imaginar o que ela sentiu?

Não tenho ideia da forma como Gabriel apareceu a Maria naquele dia. Quando o mesmo anjo apareceu para Daniel quase 500 anos antes, Daniel descreveu sua reação com essas palavras: "Veio, pois, para perto donde eu estava; ao chegar ele [Gabriel], fiquei amedrontado e prostrei-me com o rosto em terra" (DANIEL 8:17). A segunda vez que Gabriel apareceu para Daniel, o profeta descreveu a cena:

> *[Ele tinha a forma de] um homem vestido de linho, cujos ombros estavam cingidos de ouro puro de Ufaz; o seu corpo era como o berilo, o seu rosto, como um relâmpago, os seus olhos, como tochas de fogo, os seus braços e os seus pés brilhavam como bronze polido; e a voz das suas palavras era como o estrondo de muita gente.*
>
> *Só eu, Daniel, tive aquela visão; os homens que estavam comigo nada viram; não obstante, caiu sobre eles grande temor, e fugiram e se esconderam. Fiquei, pois, eu só e contemplei esta grande visão, e não restou força em mim; o meu rosto mudou de cor e se desfigurou, e não retive força alguma. Contudo, ouvi a voz das suas palavras; e, ouvindo-a, caí sem sentidos, rosto em terra.*
>
> *Eis que certa mão me tocou, sacudiu-me e me pôs sobre os meus joelhos e as palmas das minhas mãos* (DANIEL 10:5-10).

Então, em meio a isso, Daniel relata um pouco da mensagem que Gabriel trouxe para ele:

Ao falar ele comigo estas palavras, dirigi o olhar para a terra e calei. E eis que uma como semelhança dos filhos dos homens me tocou os lábios; então, passei a falar e disse àquele que estava diante de mim: meu senhor, por causa da visão me sobrevieram dores, e não me ficou força alguma. Como, pois, pode o servo do meu senhor falar com o meu senhor? Porque, quanto a mim, não me resta já força alguma, nem fôlego ficou em mim (vv.15-17).

Estou com você, Daniel. Se um anjo de Deus aparecesse para mim com a forma que Gabriel apareceu naquele dia, eu, também, ficaria sem palavras, sem fôlego e completamente apavorada.

Seja qual tenha sido a forma que o anjo de Deus assumiu ao aparecer para Maria, ela claramente ficou preocupada. Ela necessitava da seguinte palavra de conforto: "Maria, não temas; porque achaste graça diante de Deus" (LUCAS 1:30). Depois disso veio o anúncio de que ela se tornaria a mãe do Redentor prometido por Deus, que deveria se chamar Jesus.

Perceba a primeira reação de Maria no versículo 34: "Como será isto, pois não tenho relação com homem algum?" Ela não contradisse a mensagem de Gabriel dizendo: "Impossível!" Ela apenas quis saber "Como?"

A resposta veio: o próprio Deus seria o pai da criança. A prova de que Deus poderia fazer o impossível está no fato de que a prima de Maria, Isabel, ficou grávida com idade avançada.

Diante de Maria havia uma escolha. Ela poderia dizer: "Não, lamento, Gabriel. José nunca entenderia uma coisa dessas. O povo dessa cidadezinha iria fofocar. Isso criaria problemas demais para a criança, assim como para nós. Acho que realmente não quero todos os problemas que isso traria para todos nós."

De Eva a Maria

Maria poderia ter dito tudo isso, porém ela não disse. Ouvimos sua submissão à vontade de Deus no versículo 38: "Aqui está a serva do Senhor; que se cumpra em mim conforme a tua palavra." Fim da conversa. Gabriel foi embora.

Se você fosse Maria naquele dia, o que teria pensado depois que Gabriel a deixasse sozinha? Possivelmente teria ficado sentada quieta durante algum tempo, atordoada com a incrível experiência de uma visita angelical, e mais atordoada ainda com a mensagem de que você tinha sido escolhida por Deus para trazer o Messias ao mundo.

Não nos é dito quanto tempo Maria levou para digerir a experiência e a realidade dessa extraordinária gravidez, mas parece que não demorou muito até ela "ficar pronta e se apressar" para visitar sua prima Isabel, que vivia na região montanhosa da Judeia, ao sul de Nazaré. Eram, pelo menos, dois dias de viagem a pé.

Se Maria pensou em visitar Isabel porque o anjo havia mencionado a gravidez da mulher mais velha, ou se foi porque as duas já eram boas amigas, não fica claro. Obviamente era importante para Maria passar algum tempo com Isabel. Nada sabemos sobre a família de Maria nas Escrituras. Ela pode ter sido uma órfã vivendo com parentes em Nazaré. Sua partida repentina para a região montanhosa da Judeia, para uma visita de três meses a Isabel, aparentemente não causou problemas familiares em Nazaré.

De qualquer forma, Maria chegou à casa de Isabel e, assim que passou pela porta, Isabel se encheu do Espírito Santo e exclamou:

> *Bendita és tu entre as mulheres, e bendito o fruto do teu*
> *ventre! E de onde me provém que me venha visitar a mãe*
> *do meu Senhor? Pois, logo que me chegou aos ouvidos*
> *a voz da tua saudação, a criança estremeceu de alegria*

dentro de mim. Bem-aventurada a que creu, porque serão cumpridas as palavras que lhe foram ditas da parte do Senhor
(LUCAS 1:42-45).

"Bem-aventurada a que creu, porque serão cumpridas as palavras que lhe foram ditas da parte do Senhor." Eva tinha ouvido a palavra do Senhor sobre a árvore do conhecimento do bem e do mal, mas não acreditou. Maria ouviu a palavra do Senhor de Seu mensageiro Gabriel, e *ela acreditou*. Creu contra tudo o que parecia racional, natural ou humanamente possível. Ela pode se submeter à vontade de Deus, porque acreditou.

Maria respondeu à saudação inspirada de Isabel com um hino de louvor a Deus, que é conhecido como o *Magnificat*.

A minha alma engrandece ao Senhor,
e o meu espírito se alegrou em Deus, meu Salvador,
porque contemplou na humildade da Sua serva.
Pois, desde agora, todas as gerações me considerarão bem-aventurada,
porque o Poderoso me fez grandes coisas.
Santo é o Seu nome.
A sua misericórdia vai de geração em geração
sobre os que o temem.
Agiu com o Seu braço valorosamente;
dispersou os que, no coração, alimentavam pensamentos soberbos.
Derribou do seu trono os poderosos
e exaltou os humildes.
Encheu de bens os famintos
e despediu vazios os ricos.
Amparou a Israel, Seu servo,
a fim de lembrar-se da Sua misericórdia
a favor de Abraão e de sua descendência, para sempre,
como prometera aos nossos pais
(LUCAS 1:46-55).

De Eva a Maria

Muito do *Magnificat* nos leva de volta ao cântico de Ana, em 1 Samuel 2. Maria devia conhecer não apenas as histórias, mas os cânticos de sua história e herança judaicas. As palavras de Ana vieram facilmente aos seus lábios enquanto louvava a Deus.

Mesclado ao louvor de Maria há um claro entendimento de que o mundo em que ela vivia — e o mundo no qual vivemos hoje — não é o mundo que Deus criou para nós. É um mundo permeado de pecado e morte, um mundo no qual todo o afastamento decorrente da escolha de Adão e Eva esteve atuando por milhares e milhares de anos. O mundo de Maria era o da dominação romana. Era um mundo onde um rei cruel e excêntrico, Herodes, governava a Palestina. Era um mundo no qual mesmo os líderes religiosos de Israel devoravam as casas das viúvas e, para o justificar, faziam longas orações (MATEUS 23:14).

O louvor de Maria a Deus inclui sua atenção aos pobres, aos famintos e aos aflitos. Ela viu o milagre de sua concepção como *Deus se movimentando*. O Senhor estava prestes a começar a muito aguardada tarefa de dispersar os orgulhosos, derrubar governantes, erguer os humildes, suprir os famintos com boas coisas e mandar os ricos embora, vazios. Em resumo, Maria viu que Deus estava se movimentando para cumprir Sua promessa ao Seu povo. Uma promessa feita em um jardim, milhares de anos antes. Uma promessa feita aos dois cuja escolha havia iniciado o afastamento que distorceu a mente das pessoas, endureceu seus corações e fez do mundo um lugar repulsivo, déspota e doloroso para se viver.

É provável que Maria tenha ficado na casa de Isabel por três meses até o nascimento de João Batista. Então, aos três meses de gravidez, voltou para Nazaré. Durante aquele tempo ela viveu com a maravilha, o entusiasmo e a emoção de levar Deus dentro de si. Agora, precisava enfrentar o desprezo, a rejeição de José e do povo da cidade.

Coloque-se novamente no lugar de Maria. Ela estava claramente em uma situação embaraçosa. José, também, estava numa posição difícil. Um noivado judaico normalmente durava um ano e era um tipo de casamento sem sexo. Se Maria engravidou durante esse período, as línguas, com certeza, vibrariam. Se José, sabendo que não era o pai, decidisse romper o noivado, ela poderia ser apedrejada até a morte. Se, por outro lado, José fosse adiante com o casamento, as pessoas pensariam que ele havia violado o rígido costume de castidade durante o período de noivado.

Siga a luta interior de José assim que soube que Maria estava grávida.

Ora, o nascimento de Jesus Cristo foi assim: estando Maria, sua mãe, desposada com José, sem que tivessem antes coabitado, achou-se grávida pelo Espírito Santo. Mas José, seu esposo, sendo justo e não a querendo infamar, resolveu deixá-la secretamente.

Enquanto ponderava nestas coisas, eis que lhe apareceu, em sonho, um anjo do Senhor, dizendo: José, filho de Davi, não temas receber Maria, tua mulher, porque o que nela foi gerado é do Espírito Santo. Ela dará à luz um filho e lhe porás o nome de Jesus, porque ele salvará o seu povo dos pecados deles.

Ora, tudo isto aconteceu para que se cumprisse o que fora dito pelo Senhor por intermédio do profeta: Eis que a virgem conceberá e dará à luz um filho, e ele será chamado pelo nome de Emanuel (que quer dizer: Deus conosco).

Despertado José do sono, fez como lhe ordenara o anjo do Senhor e recebeu sua mulher. Contudo, não a conheceu, enquanto ela não deu à luz um filho, a quem pôs o nome de Jesus (MATEUS 1:18-25).

Coloque-se no lugar de José. Na Bíblia não sabemos se Maria tentou explicar sua gravidez a ele. Mesmo que tivesse, se você fosse José, acreditaria na história sobre um anjo e uma concepção divina? Ou, mais provavelmente, teria achado que Maria havia sido infiel aos votos que fez? Nas atuais circunstâncias, José, também, precisava de um visitante angelical para convencê-lo da verdade.

José estava numa situação lamentável. Precisava de prova sobrenatural para acreditar no nascimento virginal de Jesus. Ele, também, precisava crer na palavra de Deus trazida por meio de um anjo e então agir em fé e obediência a essa palavra. Pela fé, José se dispôs a se passar pelo pai do bebê de Maria, apesar do fato do povo da cidade pensar que ele havia se aproveitado dela durante o noivado. Era a única forma de protegê-la.

Mais tarde, durante o ministério de Jesus, ouvimos fariseus perguntando com sarcasmo: "Onde está teu Pai?" (JOÃO 8:19). Eles estavam perguntando se José era realmente pai de Jesus? Mais à frente, no mesmo capítulo (JOÃO 8:41), eles dizem: "*Nós* não somos bastardos," sugerindo que Jesus o era. Tanto Maria quanto José estavam claramente comprometidos. Não podiam explicar o que estava acontecendo e limpar seus nomes e reputação. Tanto Maria quando José tiveram que conviver com a reprovação de uma sociedade com altos padrões de pureza sexual, no mundo daquela época. Os dois sabiam com o que teriam que viver. Não havia outra forma. Maria e José precisaram ter total fé em Deus, e um no outro, para que o casamento desse certo.

Porém outra provação pendia sobre a cabeça desse obediente casal.

> *Naqueles dias, foi publicado um decreto de César Augusto, convocando toda a população do império para recensear-se. Este, o primeiro recenseamento, foi feito quando Quirino era governador da Síria. Todos iam alistar-se, cada um à sua própria cidade* (LUCAS 2:1-3).

Maria, agora próxima ao momento de dar à luz, teve que ir com José a Belém, a cidade de Davi, ancestral deles, para registrar-se no recenseamento. A viagem era de quase cento e quarenta quilômetros. Teria que ser feita num jumento ou a pé. De uma forma ou de outra, seria uma viagem longa e árdua. Podemos facilmente imaginar como Maria deveria estar exausta, possivelmente já no início do trabalho de parto, quando chegaram a Belém. Voltando para a estrada, porque a pousada estava lotada com outros que também chegaram para o recenseamento, eles desceram a íngreme encosta onde a estalagem havia sido construída, e encontraram abrigo na gruta onde ficavam os estábulos dos animais. Lá, Maria deu à luz a Jesus, o Santo de Deus, o envolveu em faixas de pano e o colocou num cocho para comida do gado.

Um casal insignificante chegou ali como estrangeiro, ao final de uma longa e cansativa viagem. Uma moça simples do povo enfrentou o parto de seu primeiro filho, virtualmente não esperado, sem nenhum conforto material, nenhuma facilidade. Tudo isso poderia ter passado completamente despercebido. Mas não passou. Deus tinha outros planos.

Mais uma vez um anjo do Senhor trouxe espanto ao anunciar tal acontecimento. Um grupo de pastores em um campo próximo soube do nascimento desse bebê de pais simples, num estábulo desconhecido, numa pequena cidade na margem oriental do mar Mediterrâneo. De repente, tudo aquilo que parecia insignificante foi transformado, quando Deus marcou esse acontecimento com um significado de mudança de vida e de mundo.

"Hoje," os pastores ouviram, "vos nasceu, na cidade de Davi, o Salvador, que é Cristo, o Senhor" (LUCAS 2:11). Um Salvador. O Cristo. O Senhor. Emanuel, Deus conosco, Jesus, Aquele que salvaria Seu povo de seus pecados. Aquele prometido a Adão e Eva em Gênesis 3:15. Aquele cuja vinda iria restaurar para cada uma de nós a possibilidade de um relacionamento pessoal com Deus, nosso Criador. Aquele que resolveria o problema da nossa separação, não apenas de Deus, mas dos outros.

De Eva a Maria

Maria fez uma escolha. Assim como Eva, ela teve a liberdade de escolher. Eva escolheu por si, em oposição a Deus. Naquela escolha, encontrou amargura e tristeza. Naquela decisão, trouxe o pecado e o afastamento ao mundo.

Mas quando Maria fez sua escolha, optou em curvar-se à vontade do Senhor apesar dos problemas que isso traria. Ao fazer essa escolha, ela se tornou a portadora de Deus, aquela através de quem o Salvador veio ao mundo. Quando se deparou com a questão sobre como usaria sua vida, ela escolheu a Deus. Escolheu bem. Encontrou bem-aventurança em trazer o Salvador ao mundo. Encontrou alegria ao aceitar a vontade de Deus para sua vida.

Sobre cada uma de nós repousa a impressionante responsabilidade da escolha. É parte do significado de ser criada à imagem de Deus. Podemos optar por nosso Criador, ou opormo-nos a Ele. Podemos escolher deixar que Ele aja por intermédio de nós onde quer que nos coloque. Ou podemos optar pela nossa própria vontade, nosso próprio conforto e conveniência. A escolha é nossa. Deus não obriga nenhuma de nós contra a nossa vontade. Talvez o poder de escolher seja o dom mais incrível que Deus tenha dado a cada uma de nós.

Onde Deus a colocou?

O que Ele está pedindo que você faça?

Ouça Sua voz nas Escrituras. Ouça Sua voz nos ensinamentos de Seus servos. Ouça Sua voz na oração e meditação.

Quando você ouve a voz do Senhor, qual é o pedido que Ele lhe faz?

Uma escolha se coloca à sua frente. Você pode optar, como fez Eva, por ignorar a vontade de Deus para sua vida. Ou pode escolher, como fez Maria, fazer a vontade do Senhor.

Se escolher como Maria, você, também, será abençoada. Conhecerá a presença de Deus em seu interior. Verá as bênçãos de Deus em seu trabalho. Conhecerá o favor do Senhor, quando, um dia, estiver perante Ele. Escutará aquelas emocionantes palavras: "Muito bem, serva boa e fiel!"

Questões para reflexão pessoal ou grupo de estudo

1. A liberdade de escolha talvez seja o dom mais incrível que Deus deu a cada uma de nós, como seres humanos. Como você se sente sobre essa dádiva?

2. Qual é a maior dificuldade em ser uma mulher que precisa fazer muitas escolhas?

3. O que mais aprecia em ser uma mulher que precisa tomar muitas decisões?

4. De que maneiras práticas você acha que Deus interfere nas escolhas que você faz?

Reflexão pessoal

Reflexão pessoal

Reflexão pessoal

Reflexão pessoal